D1831459

न सीमाएँ न दूरियाँ

न सीमाएँ न दूरियाँ

विश्व कविता से कुछ अनुवाद

कुँवर नारायण

वाणी प्रकाशन

वाणी प्रकाशन

4695, 21-ए, दरियागंज, नयी दिल्ली 110 002

शाखा

अशोक राजपथ, पटना 800 004

फ़ोनः +91 11 23273167 फ़ैक्सः +91 11 23275710

www.vaniprakashan.in
vaniprakashan@gmail.com
sales@vaniprakashan.in

NA SEEMAYEN NA DOORIYAN
Translations by Kunwar Narain

ISBN : 978-93-5229-442-8
Poems/Translations

हिन्दी अनुवाद © कुँवर नारायण

प्रथम संस्करण 2017

मूल्य : ₹ 795

पुस्तक में प्रयुक्त सभी चित्र विकीपीडिया से लिए गये हैं। साभार।

इस पुस्तक के किसी भी अंश को किसी भी माध्यम में प्रयोग करने के लिए प्रकाशक से लिखित अनुमति लेना अनिवार्य है।

सिटी प्रेस, दिल्ली-110 095 में मुद्रित

वाणी प्रकाशन का लोगो मक़बूल फ़िदा हुसेन की कूची से

हिन्दी कविता की नयी पीढ़ी
को समर्पित

अनुक्रम

प्राक्कथन

शुरू से ही यह शिकायत रही है कि दुनिया का अच्छे से अच्छा अनुवाद भी मूल कविता के साथ पूरा न्याय नहीं कर पाता। इसके बावजूद अनुवाद का काम कभी किसी भी प्रौढ़ भाषा में रुका नहीं, और आज शायद ही दुनिया की कोई ऐसी भाषा हो, जिसमें उसके अपने साहित्य के साथ-साथ अनूदित साहित्य का भी एक बड़ा भंडार न हो। अनुवादों का इतिहास भी लगभग उतना ही पुराना है जितना भाषाओं का।

इस संग्रह में विश्व कविता के कुछ ऐसे अनुवाद हैं जिन्हें मैं पिछले पचास-साठ वर्षों में यदा-कदा करता रहा हूँ। लगभग सभी अनुवाद समय-समय पर विभिन्नि पत्रिकाओं में और संकलनों में प्रकाशित हो चुके हैं। 1950-51 में अंग्रेज़ी साहित्य में एम.ए. करने के दौरान ही मैंने विदेशी कवियों की कविताओं का हिन्दी में अनुवाद करना शुरू कर दिया था। उसी समय अपने फ्रेंच अध्यापक आंद्रे लेवी की सहायता से बोदलेयर, मेलार्मे और पॉल वलेरी आदि की फ्रेंच कविताओं के हिन्दी अनुवाद भी किये। किन्तु उन पत्रिकाओं—जिनमें वे भेजे गये थे—के अनुपलब्ध होने की वजह से वे कविताएँ इस संग्रह में नहीं आ पायी हैं। इन प्रतीकवादी कवियों का एक प्रच्छन्न प्रभाव मेरी शुरू की कविताओं पर भी पड़ा। मैंने कुछ अन्य कवियों जैसे—जिऑफ्रे ग्रिगसन, येहूदा अमिख़ाई आदि की कविताओं के भी अनुवाद किये थे, लेकिन कविताओं के शीर्षक न मिलने के कारण वे इस संग्रह में नहीं जा रही हैं। विदेशी कवियों को मैं उनकी पुस्तकों के अलावा 'इनकाउंटर', 'टी.एल.एस.', 'लन्दन मैगज़ीन', 'पोएट्री' आदि पत्रिकाओं में नियमित पढ़ता रहता था और अपनी पसन्द की अंग्रेज़ी में अनूदित कविताओं का कभी-कभार हिन्दी में अनुवाद भी किया करता था। ये अनुवाद मैंने कभी भी योजनाबद्ध तरीके से नहीं किये, हालाँकि इस संग्रह में कवियों को उनकी जन्मतिथि के अनुसार ही संकलित किया गया है।

मेरे लिए अनुवाद का मतलब कविता की भाषाई पोशाक को बदलना भर नहीं रहा है, बल्कि उसके उस अन्तरंग तक पहुँचना रहा है, जो उसे कविता बनाता है। कविता की दुनिया बहुत बड़ी होती है और उसमें प्रवेश करने के रास्ते भी कई हो सकते हैं। मेरी कोशिश मुख्यतया मूल के उस विशिष्ट अनुभव को स्पर्श कर पाने की रही है जो उसे एक विशिष्ट रचना बनाती है। अनुवाद की समस्याएँ, ख़ासकर कविता को लेकर, अलग-अलग तरह की रही हैं। कुछ कविताएँ अपनी भाषा की मूल संस्कृति और आबो-हवा में इतनी गहरी डूबी हुई होती हैं कि अनुवाद की भाषा में उन्हें हू-ब-हू ला पाना लगभग असम्भव हो जाता है। ऐसी दशा में मैंने कहीं-कहीं अनुवाद की अवधारणा को अनुरचना की हद तक विस्तृत किया है। मैंने अपने कई अनुवादों के साथ संक्षिप्त वक्तव्य भी दिये हैं। इस प्रयास में मुझे न केवल एक अनुवादक के अनुशासन बल्कि एक कवि की

आज़ादी को भी खुली छूट देनी पड़ी है। मेरी निगाह इस ओर भी रही है कि अनुवाद की भाषा में पहुँच कर मूल कविता वहाँ भी अपनी एक विशिष्ट जगह (स्पेशल स्पेस) निर्मित कर सके। मेरा मानना है कि कालान्तर में अनूदित साहित्य के प्रति भी मूल भाषाभाषी अभ्यस्त हो जाते हैं। अवश्य उसमें एक परायापन-सा दिखाई देता है, पर यही उसकी एक विलक्षणता भी हो सकती है। अंग्रेज़ी में उमर खैयाम के अनुवाद ऐसी ही एक जगह बना सके हैं। इसी तरह हाइकू आज दुनिया की हर भाषा में अपनी एक अलग पहचान बना सका है।

इस संग्रह में जो मैं अपने थोड़े से हिन्दी अनुवाद दे रहा हूँ उनके लिए कोई बहुत बड़ा दावा नहीं करता पर इतना ज़रूर है यदि इन्हें कल्पनाशील ढंग से पढ़ा जायेगा तो ये मूल कविताओं का कुछ नज़दीकी आस्वाद करा सकेंगे। अनुवाद करते समय किसी एक ही अनुवादक या अनुवाद-कृति पर निर्भर न रह कर मैंने कई अंग्रेज़ी अनुवादों का सहारा लिया है ताकि कविता के विभिन्न आयामों को यथोचित रूप में सोच समझ सकूँ।

इस पुस्तक के अन्त में दिया गया प्रतिभाशाली कवि और लेखक गीत चतुर्वेदी का लेख 'अनुवाद की बड़ाई में' है जिसमें उन्होंने अनुवाद की विभिन्न समस्याओं और उसकी ऐतिहासिक पृष्ठभूमि पर गहराई से विचार किया है। अनुवादों की लम्बी भूमिका पर रोशनी डालते हुए उन्होंने मेरी इस कोशिश को बख़ूबी पकड़ा और उजागर किया है कि अनुवादों को इस तरह भी प्रस्तुत किया जा सकता है कि उससे मूल काव्य-वस्तु की चेतना पर एक रचनाशील और समीक्षात्मक ढंग से भी सोचा जा सके। गीत ने कई जगह अनूदित कविताओं और लेखों के शीर्षक और फुटनोट भी देकर सहायता की है। उनके इस सहयोग के लिए आभारी हूँ। रेनाता चेकाल्स्का द्वारा लिया गया साक्षात्कार भी इस संकलन में है।

इस पुस्तक की पाण्डुलिपि की तैयारी में, मेरे यत्र-तत्र छप चुके अनुवादों की खोज और संकलन में मुझे डॉ. अमरेन्द्र नाथ त्रिपाठी से विशेष मदद मिली जिसके लिए मैं उनको धन्यवाद देता हूँ।

–कुँवर नारायण

होमर और क्रिस्टोफ़र मार्लो

Homer and Christopher Marlowe

लगभग 8वीं शताब्दी ई. पू. और 1564–1593 ई.

यूनान और इंग्लैण्ड

हेलेन

होमर ने अन्य अनुभवी आँखों पर हेलेन की सौम्य सुन्दरता का मोहक प्रभाव दिखा कर कुछ ही पंक्तियों में जिस अद्वितीय सौन्दर्य को हम तक पहुँचा दिया, उसकी सादगी और ताज़गी आज भी अक्षुण्ण है। कवि की शालीन कल्पना कहीं भी हेलेन को छूती नहीं; एक दिव्य छाया-सी वह स्कीअन द्वार पर इकट्ठे वृद्ध प्रायम और उसके पुराने सलाहकारों के सामने आती है। उस समय जब सभी के मन में यह कटुता है कि इतना भीषण रक्तपात केवल उसके ही कारण हो रहा है; पर हेलेन को देखते ही उनके मुँह से सहसा निकल पड़ता है :

> 'आह, इस अलौकिक सौन्दर्य, इस देवी मूर्ति के
> लिए हज़ारों वीर ट्रोजन और ग्रीक
> इतने दुख उठाएँ तो उन्हें दोष भी कौन दे
> सकता है? फिर भी, अच्छा होता कि वह किसी
> तरह अपने घर लौट जाती और हमारे पुत्रों
> की जान बचती।'

शेक्सपीयर के समकालीन नाटककार क्रिस्टोफ़र मार्लो ने भी अपने नाटक 'डॉ. फ़ाउस्ट' में एक स्थान पर हेलेन के सौन्दर्य का रोचक चित्र खींचा है, जो होमर के ही चित्रण के समान प्रसिद्ध है। घटना इस प्रकार है : डॉ. फ़ाउस्ट अपने तन्त्र-मन्त्र द्वारा शैतान को सिद्ध कर अपनी आत्मा के बदले विचित्र अमानवीय शक्तियाँ प्राप्त कर लेते हैं। एक दिन उनकी इच्छा होती है कि इतिहास-प्रसिद्ध हेलेन उनकी सहचरी हो; हज़ारों वर्ष पहले की रूपवती हेलेन ढूँढ़ कर उपस्थित की जाती है। क्षण-भर तो वे अवाक् रहते हैं, फिर ये शब्द उनके मुँह से निकलते हैं :

> 'क्या यही वह चेहरा है जिसने हज़ारों जहाज़ सागर पर उतारे थे
> और इलियम की गगनचुम्बी मीनारों में आग लगा दी थी?
> मधुर हेलेन, मुझे एक चुम्बन से अमर कर दे...
>
> तेरे होंठ मेरी आत्मा को सोख लेते हैं;
> देख, वह कहाँ उड़ रही है।
> ओ हेलेन, मेरी आत्मा मुझे वापस कर।
> मैं वहीं रहूँगा, उसी स्वर्ग में, जो तेरे होंठों में है,
> शेष सब मिट्टी है जो हेलेन नहीं।

मैं पेरिस बनूँगा तेरे प्यार के लिए,
और ट्रॉय के बदले वरटेनबर्ग मिटेगा;
तेरे नाम पर दुर्बल मेनेलास से लड़ूँगा,
एकिलीस को घायल करूँगा
और फिर तेरे पास एक चुम्बन के लिए आऊँगा।

अगणित तारों के स्निग्ध सौन्दर्य से लदी सन्ध्या से भी अधिक सुन्दर,
अभागी सिमिल के सम्मुख जाज्वल्य जुपीटर से भी अधिक दीप्त,
चंचल जल की नीली बाँहों में पड़े सूर्य से भी अधिक मोहक,
ओ हेलेन,
केवल तू ही मेरी सहचरी होगी।'

(होमर का कवितांश 'इलियड' से और मार्लो का कवितांश 'डॉ. फ़ाउस्ट' से है।)

सैफ़ो
Sappho

लगभग 630–570 ई. पू.
यूनान

शिशु की तरह कोमल हृदय वाली आग

यद्यपि सैफ़ो ग्रीक गीत-काव्य के आदि कवियों में से है और स्त्री कवियों में उसे वही सम्मान प्राप्त है, जो कवियों में होमर को, पर कई कारणों से वह आज उतनी प्रसिद्ध नहीं जितना होमर : एक तो सैफ़ो की अधिकांश पंक्तियाँ नष्ट हो चुकी हैं और जो कुछ मिलती भी हैं, अपूर्ण और खण्डित हैं, जो पूरी तरह से उसकी कला का अन्दाज़ा नहीं देतीं, दूसरे उसकी कविताएँ एक सीमित क्षेत्र में अद्वितीय होते हुए भी उतनी व्यापक नहीं जितनी होमर की। सैफ़ो अपने समय की सर्वश्रेष्ठ कवयित्री थी। उसके समकालीन और बाद में आने वाले सभी साहित्यकारों और दार्शनिकों ने मुक्तकंठ से उसकी प्रशंसा की है। सुकरात ने सैफ़ो को 'सुन्दर' शब्द से सम्बोधित किया है। प्लेटो ने उसकी तारीफ़ में लिखा, 'कितने लापरवाह हैं वे लोग, जो कहते हैं कि कविता की नौ ही देवियाँ हैं, देखो न सैफ़ो को, यह दसवीं है।'

स्ट्राबो की दृष्टि में, 'कमाल की स्त्री है सैफ़ो : अब तक कोई भी दूसरी स्त्री इतिहास में नहीं है जो कविता में उसकी बराबरी कर सके।' ओविड, प्लूटार्क, लोंजाइनस आदि तमाम लेखकों ने सैफ़ो को सराहा है। आधुनिकों ने भी उसे काफ़ी सम्मान दिया है : फ़्रेडरिक टेनीसन और स्विनबर्न ने उस पर सफल रचनाएँ की हैं।

परन्तु सैफ़ो केवल अपने काव्य के क्षेत्र में ही प्रसिद्ध रही हो, ऐसा नहीं। उसके गीत अत्यधिक लोकप्रिय भी हुए। साधारण काव्य प्रेमी के लिए उसकी कविताओं का क्या मूल्य था, इसका अन्दाज़ा एक छोटी-सी घटना से लग जायेगा : कहते हैं, एक बार सोलन के दरबार में उसके भतीजे एक्सेसीटाइडीस ने सैफ़ो का एक मधुर गीत गाया, जो सोलन को इतना पसन्द आया कि उसने स्वयं उस गीत को सीखने की इच्छा प्रकट की। बैठे हुए लोगों में से जब किसी ने कारण पूछा तो उसने उत्तर दिया : "इस गीत को सीख कर मैं सदा के लिए सो जाना चाहता हूँ।"

संगीत और काव्य सैफ़ो के जीवन का स्वाभाविक अंग थे। जिस समय वह वाद्य ले कर अपनी सहेलियों के साथ बैठ जाती थी, कविता और संगीत निर्झर की तरह उसके कंठ से फूट पड़ते थे। लेज़बोस का प्राकृतिक सौन्दर्य, प्राचीन यूनान का रंगारंग जीवन, प्रेम और वासना की उद्दाम आँधियाँ, बिछोह व बेचैन पल, आज भी सैफ़ो के थोड़े-से प्राप्त गीतों में उसी ख़ूबी से बोल उठते हैं; उनकी ताज़गी आज भी अछूती है। इसका मुख्य कारण सैफ़ो का स्वभाव तो है ही, साथ ही साथ उस समय का वातावरण और ग्रीक संस्कृति की सहज भौतिकता भी है जो सांसारिक और प्रत्यक्ष जीवन के सौन्दर्य में विश्वास करती थी और जिसे पूरी तरह से सैफ़ो ने अपने जीवन और काव्य में स्थान दिया था। आरम्भ से ही वह कला के वातावरण में पली थी और उस समय का अय्याश व रूमानी रहन-सहन पूरी तरह उस पर हावी हो चुका था। कविता, संगीत, नृत्य, आमोद-प्रमोद उसकी नस-नस

में बस गये थे। उसने स्वयं लिखा है, "मुझे विलासिता प्रिय है। सौन्दर्य और प्रफुल्लता मेरे लिए सूर्य का प्रकाश है।" आह्लाद को उसने उदारता से अपने जीवन में न्यौता। कितने सहज निःसंकोच भाव से वह एक नवयुवक से कहती है :

उठो और अपनों की तरह मेरी ओर देखो,
कि तुम्हारी आँखों का वह निर्भीक सौन्दर्य
मेरे प्राणों में भर जाय...

सैफ़ो के बहुत कम गीत मिलते हैं। बहुत दिनों तक उसके गीतों का पता ही नहीं चलता था। पिछली शताब्दी में संयोग से एक पुराने पपाइरी में उसकी कुछ पंक्तियाँ मिलीं। कहते हैं कि उसने नौ हज़ार से ऊपर पंक्तियाँ लिखी थीं, पर अब केवल पहली, दूसरी, चौथी और पाँचवीं पुस्तक खण्डों के कुछ भाग ही मिलते हैं। यों तो अब तक उसकी संगृहीत कविताओं की संख्या दो सौ से ज़्यादा गिनाई जाती है, पर ढंग के गीत लगभग 125 ही होंगे क्योंकि बहुत-से अंश जिन्हें गिन लिया जाता है, शब्द मात्र ही हैं और पढ़ने में कोई प्रभाव नहीं डालते। कविताओं का विषय मुख्यतः वही प्रेम, प्रकृति, सौन्दर्य, विवाह, विलासिता, विरह आदि ही हैं। विशेषता है उस सीधे-सादे कहने के ढंग में, जो सैफ़ो की अपनी शैली थी। साधारण बोलचाल की भाषा को जिस भोले ढंग से काव्योचित बना कर गूढ़ से गूढ़ बात कह दी जाती है, वह अपनी मार्मिकता में लोकगीतों की याद दिलाती है, सौष्ठव में एक परिष्कृत कला की। उसके गीतों को पढ़ कर यही लगता है कि वास्तव में कविता भाषा और अलंकार की ऊपरी सजधज से उतनी सम्बन्धित नहीं, जितनी कवि की आन्तरिक सौन्दर्य दृष्टि और हृदय मन्थन से। भावनाएँ ही नहीं, जहाँ-तहाँ सैफ़ो ने प्राकृतिक दृश्यों को काव्य-विषय बनाया, एक मोहक ताज़गी जैसे पंक्तियों में ठिठक कर रह गयी :

जगमगाता चाँद निकला।
चाँदनी की बाढ़ से
प्लावित धरातल,
पड़ गये फीके सितारे
ज्योत्स्ना के झिलमिलाते
आवरण से ढके उज्ज्वल...

या 'सान्ध्य तारा' की ये पंक्तियाँ :

सान्ध्य तारा,
लौटते गोधूलि वेला में थके पशु,
नीड़ में खग थका हारा;
फिर सिमट आयीं सुनहली सम्पदाएँ...

इसी प्रसंग में भाषा के विषय में भी एक बात कह देना असंगत न होगा : भाषा और उसमें प्रयुक्त शब्द केवल विचार-विनिमय का साधन मात्र नहीं हैं। अर्थों से परे भाषा का एक अपना व्यक्तित्व होता है, जिस पर सदियों की परम्परा का संस्कार पड़ता है; भाषा अधिकांश जिस प्रकार के विचार और भावनाएँ वहन करती रहती है, उसी के अनुरूप अपना स्वभाव बना लेती है। साधारण तौर

पर विचारों के साथ-साथ ही भाषा में भी परिवर्तन होता चलता है, परन्तु अक्सर ऐसा भी होता है कि विचार भाषा से अधिक तेज़ी से प्रगति कर जाते हैं और तब उन्हें व्यक्त करने के लिए नये-नये प्रयोगों की ज़रूरत पड़ती है। भाषा में बाहरी शब्दों के साथ-साथ अन्दरूनी तोड़-मरोड़ भी की जाती है, व्याकरण के नियमों की अवहेलना, नये सन्दर्भ और शब्द सम्बन्धों आदि द्वारा भाषा को नयी सामर्थ्य देने का प्रयत्न किया जाता है। भाषाओं के साथ इस प्रकार के प्रयोग, हम देखते हैं कि, रेनेसाँ काल में, 18वीं शताब्दी और अब बीसवीं सदी में क्रान्तिकारी ढंग से हुए। इस प्रकार भी कह सकते हैं कि कालान्तर में रूढ़ि-भार से भाषा बूढ़ी होती चलती है और उसे नये विचारों के लिए नया बल देना पड़ता है। कविता जो साहित्य की सबसे तरुण और जागरूक चेतना है, भाषा में सबसे पहले 'ज़्यादतियाँ' शुरू करती है। आश्चर्य नहीं, यदि उसे पुराने लोगों का कोपभाजन बनना पड़े। इस दृष्टि से हम देखते हैं कि प्राचीन ग्रीक भाषा ऐसे वातावरण में प्रौढ़ हुई, जिसमें कला का सर्वोच्च आदर्श वस्तुवादी था। विचारों के क्षेत्र में चाहे जितनी भी अलौकिक उड़ानें भरी गयी हों पर श्रेष्ठ काव्य वही माना गया, जो सीधे ढंग से भौतिक सौन्दर्य और व्यावहारिक चीज़ों का निरूपण करता रहा। होमर या सैफ़ो में कठिनता से ऐसी पंक्तियाँ मिलेंगी, जो अभौतिक या वायवीय हों। यही कारण है कि योरपीय काव्य में भी जब-जब रोमांटिसिज़्म के विरुद्ध कोई प्रतिक्रिया हुई, तो उसने प्रत्यक्ष या परोक्ष रूप से ग्रीक क्लासिकल साहित्य को ही आदर्श माना। सौन्दर्य और यथार्थ का जो स्पष्ट समन्वय ग्रीक काव्य में मिलता है, वह सदा से ही स्वस्थ काव्यकृतियों और सिद्धान्तों के लिए प्रेरणा बनता रहा। इसके विपरीत अंग्रेज़ी भाषा में, जैसा कि एडिथ हैमिल्टन ने अपनी 'ग्रीक वे' में लिखा है, हम देखते हैं कि बाइबिल और ईसाई रहस्यवादियों के प्रभाव ने भाषा को किसी हद तक अवस्तुवादी और वायवीय कर दिया। रहस्यात्मक अनुभूति को व्यक्त करने के लिए भाषा क्रमशः उसी ढंग की हो गयी और ठोस विचारों को भी अर्थ उसी ओर खींच ले जाते थे। कुछ ऐसा ही हिन्दी के साथ भी हुआ। यह सन्त और भक्त कवियों की रहस्यमयी वाणी में पनपी और अंग्रेज़ी के प्रतीकवादी और रोमांटिक काव्य के प्रभावों में प्रौढ़ हुई। संस्कृत साहित्य के सीधे प्रभाव में रहती, तो शायद हिन्दी भाषा का गठन दूसरा होता। कौन कह सकता है कि अपने यहाँ का पौराणिक और वैदिक साहित्य ग्रीक साहित्य से कम रोचक है या प्राचीन संस्कृत कवियों ने जीवन के भौतिक पक्ष में कम दिलचस्पी ली?

एक अरसे तक, शायद अब भी उसके विषय में मार्मिक धारणाएँ प्रचलित रही हैं, जैसे यह कि फाओन का प्रेम न पा सकने के कारण उसने निराश हो कर ल्यूकेडियन पहाड़ से कूद कर जान दे दी : बाद में पता चला कि यह घटना सैफ़ो नाम की एक वेश्या से सम्बन्धित है। सैफ़ो की जीवनी का आधार मुख्यतः उसकी अपनी कविताएँ, पत्र और बाद वाले कवियों की उसके विषय में चर्चाएँ हैं। ओविड ने अपने 'पेरियन मार्बल' में सैफ़ो का ज़िक्र किया है।

सैफ़ो सुन्दर थी या नहीं, इस पर भी मतभेद है। कदाचित् वह उतनी सुन्दर नहीं थी, जितना उस समय का ग्रीक आदर्श सौन्दर्य के विषय में ऊँचा था, पर उसकी कविताओं को पढ़ कर ऐसा लगता है कि दूसरों के लिए उसमें कुछ विचित्र आकर्षण अवश्य रहा होगा। अपने विषय में उसका कहना है कि 'मेरा हृदय शिशु की तरह कोमल है,' पर प्लूटार्क के अनुसार उसके एक-एक शब्द में आग थी। आग और कोमलता का सम्मिश्रण ही शायद सैफ़ो के आकर्षण का रहस्य है।

सैफ़ो के विषय में प्राप्त अन्य जानकारी इस प्रकार है : ईसा से 600 वर्ष पूर्व यूनान में एक छोटा-सा राज्य था, लेज़बोस। शान-शौकत और प्राकृतिक सौन्दर्य से सम्पन्न इस राज्य का प्रसिद्ध नगर मिटेलीन उस समय सभ्यता का एक प्रमुख केन्द्र माना जाता था। इतना होते हुए भी प्रजा के

सभी वर्ग सन्तुष्ट रहे हों, ऐसा नहीं। कुछ मध्यवर्गीय व्यवसायी पिटेकस के शासन के विरुद्ध छिपे तौर से लोगों को भड़काया करते थे। पिटेकस भी इस षड्यन्त्र की ओर से सतर्क था और जब इन व्यवसायियों ने कुछ असन्तुष्ट निम्न वर्ग के नागरिकों की सहायता से पिटेकस के विरुद्ध विद्रोह का नारा उठाया, तो उसने तत्परता से उस विद्रोह को सफल होने से पहले ही दबा दिया। षड्यन्त्रकारियों को कड़ी सजाएँ मिलीं और बहुत-से देश के बाहर निकाल दिये गये। कुछ प्राणों के भय से स्वयं ही मिटेलीन छोड़कर भाग गये। मिटेलीन से निकाले गये इन्हीं तमाम लोगों में थे उस समय के दो प्रसिद्ध कवि : एक थी सैफ़ो और दूसरा एलसियस। दोनों ही प्राचीन ग्रीक काव्य की अमर विभूतियाँ हैं। सैफ़ो पर क्या अभियोग लगाया गया, यह ठीक से मालूम नहीं, पर ऐसा अनुमान किया जाता है कि षड्यन्त्र से उसका कुछ गहरा सम्बन्ध अवश्य रहा होगा, क्योंकि शीघ्र ही उसे मिटेलीन ही नहीं, बल्कि लेज़बोस को भी छोड़ने पर मजबूर किया गया।

देशनिकाले के बाद पाइराह पहुँचते ही एलसियस ने सैफ़ो के पास प्रेम का न्यौता इन शब्दों में भेजा, "फूलों से सजी, निर्मल और उदार सैफ़ो, मैं तुझसे कुछ कहना चाहता हूँ, पर लाजवश नहीं कह पाता।" इस पर सैफ़ो का उत्तर अधिक स्पष्ट था, "यदि तेरी बात उचित और सभ्य है, तो तू स्पष्ट अपने मन की बात कह सकता है।" इसके बाद क्या हुआ, ठीक मालूम नहीं, शायद सैफ़ो के दूसरे देशनिकाले के बाद यह बात भी ख़त्म हो गयी।

सैफ़ो के जीवन की दूसरी झलक हमें तब मिलती है, जब पाँच वर्षों के बाद उसे अपने देश में लौट आने की अनुमति मिल गयी और अपने पति की मृत्यु के पश्चात वह एक बड़ी सम्पत्ति की स्वामिनी बनी। यह सैफ़ो के जीवन का सबसे रंगीन काल था। यहाँ उसकी कविताओं में उसकी एक सात वर्ष की लड़की का ज़िक्र भी मिलता है : 'सुनहले फूलों के समान मेरी सुन्दर पुत्री क्लाइस, मेरी प्यारी क्लाइस...।' अपने भाइयों की चर्चा भी उसने की है। एक स्थल पर वह अपने भाई शरक्सस के प्रति असन्तोष प्रकट करती हुई मिलती है, जबकि सैफ़ो की इच्छा के विरुद्ध उसने मिस्र की एक वेश्या डोरिका से विवाह कर लिया।

मिटेलीन लौट कर सैफ़ो ने लड़कियों के एक स्कूल की स्थापना की, जिसमें वह स्वयं कविता, नाच और गाने की शिक्षा देती थी। शिक्षक और लड़कियों के बीच किसी प्रकार का संकोच नहीं था और वे आपस में सहेलियों की तरह रहती थीं। उनके बीच घनिष्ठता कभी-कभी एक अप्रत्याशित सीमा तक पहुँच जाती थी। बाद में इसी प्रसंग को लेकर सैफ़ो के चरित्र पर समलैंगिक आचरण का लांछन लगाया गया। हैवलाक एलिस ने भी इसका ज़िक्र किया है। इस आरोप में कहाँ तक सच्चाई है, और कहाँ तक यह केवल रोम और अलेक्ज़ेन्ड्रिया की दूषित मनोवृत्ति का परिणाम, सरलता से निश्चित नहीं किया जा सकता; विशेषतः जब सैफ़ो के बारे में प्राप्त सामग्री अपर्याप्त है और ईसा की सातवीं शताब्दी पूर्व से ले कर अब तक तमाम घटनाएँ और संस्कृतियाँ उसके जीवन पर अपना झूठा-सच्चा रंग डाल चुकी हैं। कदाचित् इस आरोप का आधार सैफ़ो की स्वयं की कुछ पंक्तियाँ हैं जो उसने एथिस, मिगारा और तेलेसीफ़ के प्रति कही हैं। इसमें सन्देह नहीं कि उस समय लेज़बोस में प्रेम सम्बन्धी व्यक्तिगत जीवन किसी हद तक उच्छृंखल अवश्य था : इस प्रकार की प्रवृत्तियाँ लोगों को बहुत अजीब नहीं लगती थीं और सैफ़ो की ही कुछ पंक्तियाँ एक अस्वाभाविक भावोन्मेष की झलक देती हैं, जैसे वे उद्‌गार जो उसने एथिस के स्कूल छोड़ने पर प्रकट किये : 'हाय, अब मैं कभी एथिस को नहीं देख पाऊँगी, इससे अच्छा तो यही होता कि मैं मर जाती' या ये पंक्तियाँ : 'मैंने तुझे प्यार किया है एथिस, कभी बहुत पहले जब फूलों की तरह मेरा यौवन था...और तू एक

बिल्कुल अल्हड़ बालिका थी,' फिर भी इतने ही के आधार पर उसके जीवन के इस पक्ष पर निश्चित रूप से कुछ कह सकना सम्भव नहीं।

सैफ़ो का व्यक्तिगत जीवन जो कुछ भी रहा हो, पर जहाँ तक कला का प्रश्न है, वह स्वयं भी जानती थी कि काव्य-क्षेत्र में वह अमर हो चुकी है, अपनी यह आशा उसने इन शब्दों में प्रकट की : 'मैं जानती हूँ कि मेरे गीत मेरे बाद भी इसी तरह मानव हृदय में गूँजते रहेंगे,' और यह ग़लत नहीं कि उसके कोमल गीतों में व्यक्ति की मानसिक स्थितियों की जो सरल और मार्मिक अभिव्यक्ति है, वह फूलों की तरह उसकी खण्डित कविताओं से झाँकती है।

सैफ़ो लम्बी आयु तक जीवित रही, जिसका सबूत इस घटना से मिलता है, जब उसके पास किसी ने विवाह का एक प्रस्ताव भेजा, जो उसे अपनी बढ़ी हुई आयु के कारण अस्वीकार करना पड़ा :

'यदि मेरे स्तनों में शक्ति होती, यदि मैं सन्तान जन सकती,
तो सहर्ष मैं दूसरे विवाह के लिए तैयार हो जाती; पर
नहीं, अब मेरी त्वचा पर झुर्रियाँ पड़ चुकी हैं और मुझमें
प्रेम के उद्वेगों को सहन करने की
शक्ति नहीं।'

दान्ते एलीगियरी

Dante Alighieri

1265–1321

इटली

बिआट्रिस

बिआट्रिस के चरित्र में सौम्यता है। उसमें न तो यूनानी कला की पार्थिवता ही है, न मिस्री वातावरण की वासना। यूरोप के मध्यकालीन चारण गायकों ने प्रेम की जो रूमानी विरह-परम्परा चलायी थी और जो ईसाई धर्म में विशुद्ध आध्यात्मिक रूप ले चली थी, बिआट्रिस उन्हीं दोनों आदर्शों का सुन्दर समन्वय है। स्वयं दान्ते ने जीवन में केवल दो या तीन बार ही बिआट्रिस को देखा था। पहले-पहल जब दोनों लगभग 9 वर्ष के थे, और फिर दस वर्ष के बाद। इन भेंटों की अमिट छाप दान्ते के मन पर रह गयी, जिसे उसने अपने 'वीता नुओवो' और 'डिवाइन कॉमेडी' में अमर कर दिया। बिआट्रिस के लिए दान्ते के मन में कैसी भावना थी, यह इसी से स्पष्ट है कि जहाँ वर्जिल स्वर्ग में घुस भी नहीं सकते, वहाँ बिआट्रिस उसकी पथ-प्रदर्शिका है। बिआट्रिस की मृत्यु पर 'वीता नुओवो' के अन्तिम भाग में दान्ते ने लिखा था :

"यदि जीवनदाता की इच्छा हुई कि मैं कुछ वर्ष और जीवित रहूँ, तो शायद उसके लिए वह कुछ लिख सकूँ, जो आज तक किसी स्त्री के लिए नहीं लिखा गया। और फिर यदि उसने चाहा, तो मेरी आत्मा सुन्दर बिआट्रिस से जा कर स्वयं मिलेगी।" और यह है दान्ते के रचे अमर 'स्वर्ग' में बिआट्रिरा की पहली झलक :

'कभी-कभी देखा है ऐसे भी पौ फटते...
नीला हो अधिकांश गगन, पर एक किनारे
खिली गुलाबी आभा से अँधियारा हटते;
देखा है रवि को कुहरे का पर्दा धारे
ताकि देर तक देख सकें उस असह्य रूप को
बिना झपे ये मानस नेत्र हमारे;
उसी तरह ढकते चलते थे उज्ज्वल रथ को
सरक रहे नभ से कोमल फूलों के बादल
पँखुड़ियों से मढ़ देते किरणों के पथ को;
सिर पर ओलिव मुकुट, आवरण मुख पर उज्ज्वल,
हरे रंग की सज्जा, अग्नि-वर्ण की चादर
डाले, दिखी एक रूपसि मुझको फिर उस पल :
सहसा गत वर्षों की सीमाएँ धुँधली कर

एक समादृत रूप हृदय में जाग पड़ा
अन्तर में मेरे अकथनीय कम्पन-सा भर,
कुछ पल जड़वत मैं मन्त्रमुग्ध-सा रहा खड़ा,
फिर रोम रोम से अनभूला वह पूर्व प्रेम
उस दृश्य सरीखा ही नयनों में उमड़ पड़ा।'

('डिवाइन कॉमेडी' से)

विलियम शेक्सपीयर
William Shakespeare

1564–1616
इंग्लैण्ड

क्लिओपेट्रा

क्लिओपेट्रा साहित्य में उच्छृंखल सौन्दर्य के लिए प्रसिद्ध है। कदाचित् वह बहुत सुन्दर न थी, पर उसमें कुछ ऐसा बेबस कर देने वाला आकर्षण था कि एंटनी जैसा वीर योद्धा भी पागलों की तरह युद्ध में पीठ दिखा कर उसके पीछे-पीछे भागा चला गया। इस आकर्षण का रहस्य शेक्सपीयर ने बड़ी पटुता से अपनी कुछ पंक्तियों में अमर कर दिया है, (ये पंक्तियाँ शेक्सपीयर के अपने काव्य के बारे में भी उतनी ही सार्थक मानी जाती हैं) किन्तु, पहले भूमिका स्वरूप, वे पंक्तियाँ देखिए जब क्लिओपेट्रा अपनी पूरी सजधज के साथ बजरे में बैठी एंटनी से समझौते के लिए मिलने आ रही है : पहली ही भेंट पर वह उस पर ऐसी मोहिनी डाल जाती है कि उसका देश जीतना तो दूर रहा, वह स्वयं क़रीब-क़रीब उसका ग़ुलाम हो जाता है। उसके बजरे का वर्णन नाटक के एक अन्य चरित्र द्वारा शेक्सपीयर ने इस प्रकार करवाया है :

'स्वर्ण-विभा से दीप्त, लाल पालों में हिलता,
दमक रहे सिंहासन-सा बजरा उसका
जल पर चलता था : बिखराता सुगन्ध
जिसके स्पर्श-मात्र से पवन प्यार-बेसुध हो जाता।
चाँदी की पतवारें बाँसुरी की मोहक लय पर चलती थीं
मानो जल को उत्तेजित करती हों ढीठ थपकियों से
अपने पीछे-पीछे आने को :
और स्वयं वह? आह, न मुझसे कहो उसे वर्णन करने को....
ज़री-सितारों के पर्दों से सजे कक्ष में
बैठी रची मूर्ति रति की अतिचित्रित मानो
मुक्त कल्पना की अत्युक्ति प्रकृति से भी आगे बढ़ जाये।
देवपुत्र-से उसके दोनों ओर खड़े दो सुन्दर बालक
पंखा झलते,
पर ऐसा लगता,
बजाय शीतलता के पा वायु स्पर्श वे अंगारों से लाल गाल
कुछ और दहकते जाते थे!'

आगे चल कर क्लिओपेट्रा पर ये विख्यात पंक्तियाँ हैं :

‘आयु उसे कुम्हला न सकेगी, समय न बासी कर पाएगा
उसकी नित नवीन माया को : जहाँ अन्य स्त्रियाँ
तृप्ति के संग बुझातीं काम वासना,
वहाँ और उत्तेजित करती वही भूख वह
जिसे तृप्त करती-सी लगती :
उसे सोह जाती उसकी कुटिलाई भी,
धर्मभीरु आशीर्वाद देते हैं उसको
उसकी निर्लज चंचलता पर!’

(‘एंटनी एंड क्लिओपेट्रा’ से)

वाल्ट व्हिटमैन
Walt Whitman

1819–1892

अमेरिका

एक असफल योरपीय क्रान्तिकारी के प्रति

हिम्मत मेरे भाई, हिम्मत ऐ बहन!
हारना मत—बचाना है आज़ादी को जैसे भी हो सके :
वह कोई ऐसी चीज़ नहीं जो कुचली जा सके
दो एक, या अनेक, विफलताओं से
या लोगों की उपेक्षा और कृतघ्नता से,
या बेईमानी से,
या ज़ोर ज़बरदस्ती, सिपाही, तोप, दण्ड के अध्यादेशों से।
हमारा विश्वास देशकाल से परे धरोहर है सब की,
वह किसी को आमन्त्रित नहीं करता, वादा नहीं करता,
        वह एक सौम्यता और प्रकाश,
        दृढ़ और शान्त, हताशा से परे,
धैर्यपूर्ण प्रतीक्षा है कि उसका वक़्त आये।

[नहीं, ये कोरे देशभक्ति के गाने नहीं,
इनमें विद्रोह का आह्वान भी है,
क्योंकि मैं दुनिया के हर उस विद्रोही का कवि हूँ जो झुका नहीं,
और जो, जहाँ से भी गुज़रा मेरे साथ, शान्ति और व्यवस्था को छोड़ते हुए गुज़रा,
और जब भी ज़रूरी हुआ अपने प्राणों पर खेल गया।]

लड़ाई चलती है पूरे ज़ोर शोर से, धावा बोलना
पीछे हटना,
कमीना जीतता, या समझता है कि जीतता,
जेल, फाँसी के तख़्ते, गला घोंटना, हथकड़ियाँ, बेड़ियाँ, ज़ंजीरें, गोलियाँ
सब अपना काम करते,
जाने अनजाने वीर न जाने कहाँ खो जाते,
बड़े-बड़े वक्ता और लेखक निर्वासित घुटते रहते
विदेशों में,
उनका दावा दब जाता, समर्थ आवाज़ें रुँध कर रह जातीं

उनके ही ख़ून में,
नौजवानों की निगाहें ज़मीन में गड़ जातीं
जब वे आपस में मिलते;
लेकिन फिर भी आज़ादी दुनिया से नेस्तनाबूद तो नहीं हो गयी, न ही
हर तरफ़ कमीने ही कमीने छा गये।

याद रखो आज़ादी कहीं से भी सबसे पहले नहीं जाया करती,
न ज़रा बाद में, न ज़रा और बाद में,
वह इन्तज़ार करती रहती पहले सब कुछ के चले जाने का, और तब
एकदम बाद में वह जाती है।
जब बाक़ी नहीं रह जातीं नेताओं और शहीदों की यादें भी
दुनिया के किसी हिस्से में जब लोगों की आत्माएँ मर जाती हैं
और उनमें ज़िन्दगी का अहसास बाक़ी नहीं रहता
तब, केवल तब आज़ादी या उसका विचार भी
दुनिया के उस हिस्से से कूच कर जाता है
और कोई कमीना वहाँ एकछत्र राज करने लगता।

तो फिर हिम्मत योरप के ओ क्रान्तिवाहक, क्रान्तिवाहिनी!
आख़िरी दम तक, आख़िरी दम तक।

मैं नहीं जानता तुम किस ओर हो, मैं नहीं जानता मैं ख़ुद किस ओर हूँ
न यही कि क्या किधर है,
लेकिन उसे सावधानी से खोजूँगा हर तरह असफल होते हुए भी
हार में, ग़रीबी में, भ्रान्तियों में, क़ैदख़ानों में—क्योंकि ये सब भी महान हैं।

क्या जीत ही महान होती है?
होती होगी—पर अब मुझे लगने लगा है कि ऐसे भी मौक़े होते हैं
जब पराजय महान होती है,
जब मृत्यु और व्याकुलता महान होती है।

अगस्त स्ट्रेनबर्ग

August Strindberg

1849–1912

स्वीडेन

अपराजिता

(एक लघु नाटक)

क्यों हँस रही है अमिता? अच्छा यह सोच रही न, बोल न, ऐसी बात नहीं है। मुझे मालूम है कि वह मेरे ही हैं। खीस मत निकाल। तुझे पता है पिछले साल जब मैं टूर पर गयी थी, वह चुड़ैल फ्रीडा मेरे पति पर डोरे डाल रही थी—ज़रा उसकी हिम्मत तो देख **(रुकती है)**, मैं घर होती, तो उस हरामज़ादी की आँखें निकाल लेती। मगर इनकी भलमनसाहत तो देखो, इसके पहले कि दूसरे मुझे कुछ बताते इन्होंने खुद ही सब कुछ बता दिया और देख तुझे यह भी बता दूँ कि इसमें खाली फ्रीडा ही नहीं है, कई और हैं, जो उनके पीछे पड़ी रहती हैं। वह सरकार में हैं। जिसे देखो, वह इसी चक्कर में रहता है कि उनके साथ कुछ नहीं, तो राजकीय नाट्यशाला में नाटक ही देख आएँ। क्या पता तूने भी कोशिश की हो? देख, मुझे तुझ पर भी शक हो रहा है, लेकिन यह भी जानती रही हूँ कि उन्हें तुझमें कोई दिलचस्पी नहीं। मगर हो न हो, तुझे उनसे कुछ शिकायत रहती ज़रूर है।

(रुकती है—दोनों एक-दूसरे को सन्देह से देखती हैं)

श्रीमती 'क' : अमिता, ऐसा कर एक दिन शाम को मेरे घर आ—चाहे सिर्फ़ यह दिखाने ही आ कि तुझको हमसे कोई शिकायत नहीं है। पता नहीं क्यों, बाहर से यह सोच कर अच्छा नहीं लगता कि हमारे बीच कोई अनबन है...यह भी लगता है, मुझे कभी-कभी कि शायद कहीं मेरे मन में यह चोर भी छिपा है कि एक दिन तेरी वजह से... **(ज़ोर देकर कहती है)** मगर नहीं। पता नहीं क्यों बस लगता है ऐसा कभी-कभी।

(रुकती है—इस बीच अमिता 'क' को ध्यान से देखती रहती है)

श्रीमती 'क' : **(उदासीनता से)** कितना अजीब था हमारा मिलना भी : जानती है, शुरू से ही तुमसे डरती थी? इतना डरती थी कि तुझे अपनी आँखों से ओझल भी नहीं होने देना चाहती थी। कहीं जाऊँ, लगता, तेरे नज़दीक ही हूँ, क्योंकि मुझमें तुमसे दुश्मनी करने का साहस नहीं था, इसलिए तेरी दोस्त बन गयी। मुझे बड़ी बेचैनी-सी लगती थी, जब भी तू मुझसे मिलने आती थी : उन्हें भी तू पसन्द नहीं थी—साफ़ लगता था कि वह उलझ रहे हैं : इससे मुझे और अजीब लगता था, जैसे कोई कसी फ्रॉक पहन ली है। मैंने बहुत कोशिश की कि वह तुझे पसन्द करने लगें, मगर उससे कोई फ़ायदा नहीं हुआ, जब तक तेरी सगाई नहीं हुई, लेकिन फिर तो तुम दोनों में ऐसी पटी कि साफ़ लगता था कि तुम दोनों के मन में कुछ है और बाहर कुछ, फिर तो बाद में...ठहर, ज़रा ताज्जुब है कि फिर भी मेरे मन में कोई ईर्ष्या नहीं थी। **(रुकती है)** मुझे वह समय याद है, शादी के वक़्त जब तूने मेरे हाथ उनके हाथ में दिये थे

और उन्होंने तुझे चूमा था...तुम दोनों के चेहरे लाल हो गये थे...उस वक़्त तो मैंने उस पर कोई ध्यान नहीं दिया था और न बाद में ही कभी उसको सोचा। शायद कभी भी मैंने उसके बारे में ज़्यादा कुछ नहीं सोचा, अब सोचती हूँ **(अचानक उठ कर खड़ी हो जाती है)** तू कुछ बोलती क्यों नहीं? इतनी देर से तूने एक शब्द भी नहीं कहा है। सिर्फ़ मुझे ही बोलने दिया। मुँह बन्द किये चुपचाप बैठी-बैठी मुझे घूरती रही है। तूने घूर-घूर कर...अच्छी बुरी सब। मगर ठहर जा...तेरी शादी क्यों टूटी? और तबसे तू मुझसे मिलने क्यों नहीं आयी? आज रात को आने में तुझे क्या दिक़्क़त है? **(अमिता बोलना चाहती है कि...)** अरे रहने दे—सब जानती हूँ मैं...। यह बात थी न...मुझे शुरू में ही समझ जाना चाहिए था, कि कुछ है। और अब तो सब साफ़ पता चलता है। कैसी निर्दयी है तू। मुझसे तो यहाँ तेरे पास नहीं बैठा जा रहा। **(अपनी चीज़ें उठा कर दूसरी मेज़ पर रख देती है)** इसलिए मैंने जानबूझ कर तेरी पसन्द के फूल उनकी चप्पलों पर काढ़े थे—फूल जो तुझे पसन्द थे।

(ग़ुस्से से चप्पलों को मेज़ पर से खींच कर उठा लेती है)

इसलिए हर गर्मियों में पहाड़ों पर जाती हूँ। उस झील के किनारे जो तुझे पसन्द नहीं थे। तेरे पिता का नाम 'स्किल' है ना—इसीलिए मैंने अपने बेटे का नाम भी स्किल रखा है, जिस रंग का कपड़ा तुझे पसन्द है, उस रंग का कपड़ा पहनती हूँ, तेरी पसन्द के लेखकों को पढ़ती हूँ, तेरी पसन्द का खाना खाती हूँ और वही चॉकलेट पीती हूँ, जो तुझे प्रिय थी, समझी। हे भगवान, कितनी तकलीफ़ होती है यह सब सोच कर **(ख़ामोश मगर अन्दर से बेचैन)** सब तेरा है... तूने अपनी सब बात मेरे ऊपर लाद दी है—अपना प्रेम करने का तरीका तक। हैं ठीक है, अपने पति को हर तरह ख़ुश रखती हूँ, लेकिन तेरी तरह।

कॉन्सटैन्टीन पी. कवाफ़ी
Constantine P. Cavafy

1863–1933

यूनान

इतिहास का बड़ा सांस्कृतिक मेला

कवाफ़ी के काव्य के मूल तत्त्व को एक बिल्कुल भारतीय दृष्टिकोण से भी समझ सकना सम्भव है—जिस प्रकार शायद, अन्य किसी आधुनिक यूरोपीय कवि को समझ सकना सम्भव नहीं। ग्रीक होते हुए भी कवाफ़ी का लगभग सारा जीवन अलेक्ज़ेन्ड्रिया में बीता। कवाफ़ी और अलेक्ज़ेन्ड्रिया, अलेक्ज़ेन्ड्रिया और कवाफ़ी, इनको, शायद, उसकी कविताओं में अलग-अलग रख कर नहीं समझा जा सकता। ऐसे अनेक देशी-विदेशी कवि ध्यान में आते हैं जिनका स्थानीय वातावरण उनकी कविताओं का अनिवार्य अंग है—जिस जगह, या जिन जगहों में वे रहे, उनमें इतना रम कर रहे कि वे न केवल उनके व्यक्तित्वों, बल्कि उनकी कृतियों की भी अभिन्न प्रेरणा बन गये। अंग्रेज़ी के प्रसिद्ध कवि-उपन्यासकार लारेन्स डरेल ने अलेक्ज़ेन्ड्रिया सम्बन्धी अपने उपन्यासों में कवाफ़ी के जीवन का यह पक्ष बड़े ही मार्मिक ढंग से उभारा है।

अलेक्ज़ेन्ड्रिया के ऐतिहासिक और समकालीन जीवन का सम्मिलित वातावरण ही कवाफ़ी-काव्य का मुख्य रस है : अपनी सूक्ष्म संवेदनाओं और विद्वत्ता द्वारा एक सीमित क्षेत्र में भी कवाफ़ी ने मानव-मन की जिन जटिल प्रक्रियाओं को परिस्थिति-बद्ध किया है, उनकी गहराई और व्यापकता आश्चर्य में डाल देती है। वही जो एक साधारण कवि के लिए सीमा होता, कवाफ़ी की तीव्रतम अनुभूतियों को उकसाता है, जिनका घनिष्ठ सम्बन्ध मनुष्य की बुनियादी प्रवृत्तियों और आकांक्षाओं से है। कवाफ़ी इनकी मूल असारता को समझते हुए भी, इनमें पूर्णतः लिप्त एक साधारण प्राणी की तरह रुचि लेता है, इसलिए उसकी कविताओं में व्यंग्य और यथार्थ की मिली-जुली एक अजीब बेचैनी है।

कवाफ़ी के काव्य को समझने से पहले उसकी पृष्ठभूमि को समझना आवश्यक है। मिस्र के उत्तरी तट पर, भूमध्यसागर के किनारे स्थित अलेक्ज़ेन्ड्रिया—जिसे सिकन्दर ने बसाया था—प्राचीन विजेताओं और व्यापारियों के मार्ग में कुछ इस तरह पड़ता रहा कि उस पर पूर्व और पश्चिम की संस्कृतियों का भरपूर प्रभाव पड़ते रहना स्वाभाविक था। ग्रीक, रोमन और बाइजेन्टाइन यूरोप के प्रभाव के साथ-साथ एशियाई देशों के प्रभाव ने किस प्रकार एक सशक्त मिस्री संस्कृति में नये रंग घोले, इसे हम भारतीयों के लिए अनुभव करना आसान है। उत्तरी भारत, जो लगभग ऐसे ही ग्रीक, मुसलमान और यूरोपीय प्रभावों से गुज़रा है—फ़ौजों से अधिक रोचक संस्कृतियों के इस संघर्ष का, सदियों से, साक्षी रहा। भारतीय संस्कृति कहाँ तक बाहरी संस्कृतियों से प्रभावित हुई और कहाँ तक बाहरी संस्कृतियाँ भारतीय संस्कृति से, इसका सही अनुमान आज की भारतीय संस्कृति से लगाना कठिन है।

इतिहास के इस बड़े सांस्कृतिक मेले को कवाफ़ी की आधुनिक शिक्षा-दीक्षा वाली सूक्ष्म चेतना

ने एक बिल्कुल निराले दृष्टिकोण से देखा है। कवाफ़ी की तुलना कुछ-कुछ उस नयी भारतीय पीढ़ी से की जा सकती है जो एक ओर तो 'गीता' की ही तरह समृद्ध भारतीय अतीत के नस्ली आकर्षण को महसूस करती है, दूसरी ओर आधुनिकता के उन तमाम खिंचावों को, जिनका सम्बन्ध पाश्चात्य देशों की वैज्ञानिक प्रगति से है। कवाफ़ी ने पुराने और नये की इस व्यापक काव्य-समस्या को बिल्कुल अपनी तरह हल किया। उसने अलेक्ज़ेन्ड्रिया के इतिहास को उसी प्रकार अपनी कविता में इस्तेमाल किया, जैसे एक नया कवि अक्सर पौराणिक सन्दर्भों और प्रतीकों को इस्तेमाल करता है। स्वयं ग्रीक होने के नाते कवाफ़ी बड़ी आसानी से ग्रीक पौराणिक देवी-देवताओं को प्रतीक-रूप में ले सकता है—लेकिन उस आसानी से अपने को बचा कर, अलेक्ज़ेन्ड्रिया के इतिहास को बिल्कुल नयी तरह देखना, उसके द्वारा नवीनतम समस्याओं का निरूपण करना, कवाफ़ी की काव्य-प्रतिभा की अनोखी उपलब्धि है।

ग्रीक अतीत की अपेक्षा अलेक्ज़ेन्ड्रिया का इतिहास चुनने का एक और भी कारण है : जैसा कि मैंने कहा, कवाफ़ी का अधिकांश जीवन अलेक्ज़ेन्ड्रिया में ही बीता। ग्रीस के बारे में उसने जो कुछ भी जाना वह मुख्यतः पुस्तकों के माध्यम से, लेकिन ग्रीस के अतीत और वर्तमान के प्रति आदर भाव रखते हुए भी, उसका सम्बन्ध ग्रीस से उतना स्थूल और जीवन्त न था जितना अलेक्ज़ेन्ड्रिया से—ख़ास कर उन लोगों से, जो अलेक्ज़ेन्ड्रिया के रंग-बिरंगे इतिहास का जीता-जागता परिणाम थे। इसलिए हम कवाफ़ी की कविताओं को अन्य नये ग्रीक कवियों से बहुत ही भिन्न पाते हैं। आधुनिक ग्रीस के निर्माण में कवाफ़ी का कोई सीधा बौद्धिक या भावनात्मक योग नहीं; नयी ग्रीक कविता की दृष्टि में शायद कवाफ़ी का काव्य अ-प्रगतिशील, पलायनवादी और पतनोन्मुख ठहरे; बोलचाल की नयी ग्रीक भाषा की अपेक्षा कवाफ़ी की पुरानी साहित्यिक ग्रीक भाषा किताबी और आडम्बरयुक्त मानी जायेगी; फिर भी, प्रभाव की दृष्टि से शायद ही कोई दूसरा आधुनिक ग्रीक कवि उसकी बराबरी कर सके। शुद्ध ग्रीक परम्परा को देखते हुए कवाफ़ी में वह समृद्धि नहीं, जो जार्ज सेफ़ेरिस (1900) में, न वह बोलचाल की ताज़ा भाषा, और न भाषा के शब्दों की वैसी सार्थक किफ़ायत (गति और प्रवाह में साइकेलिआनोस अवश्य अधिक आकर्षक लग सकता है); जो गीतात्मकता, उत्साह और चमक-दमक ओडीसियस इलाइटीस (1912) की कविताओं में है, कवाफ़ी उससे बिल्कुल अलग है : लेकिन जहाँ तक मनुष्य की आन्तरिक और बाह्य चेष्टाओं को समझने, तथा उन्हें किसी ऐतिहासिक सन्दर्भ में रख कर भी तात्कालिक जीवन को तीव्र वास्तविकता दे सकने का सवाल है, कवाफ़ी अद्वितीय हैं।

कवाफ़ी ने अपनी कविताओं के लिए पौराणिक कथाओं के अनुरूप ही जो ऐतिहासिक कथाओं की परम्परा ली है, वह कवाफ़ी की प्रतिभा-विशेष और वातावरण-विशेष को देखते हुए कई मायनों में बड़ी ही गूढ़ बुद्धिमत्ता का परिचय देती हैं। कवाफ़ी जानता था कि वह कभी भी प्राचीन ग्रीक पुराकथाओं से उस प्रकार की ज़िन्दा प्रेरणा नहीं ग्रहण कर सकता, जैसा कि वहीं जन्मा और पला व्यक्ति। अलेक्ज़ेन्ड्रिया का ग्रीक-रोमन इतिहास ग्रीक पौराणिक कथाओं से न केवल कहीं अधिक रोचक था, बल्कि कहीं अधिक वास्तविक भी। यदि परिचित ग्रीक देवी-देवता और उनके कारनामे उपयुक्त प्रतीक बन सकते हैं तो इतिहास के परिचित व्यक्ति और परिचित घटनाएँ क्यों नहीं?

इसी आधार पर कवाफ़ी की नयी पुराकथाओं का ढाँचा खड़ा होता है। उसने प्रसिद्ध

इतिहास-व्यक्तित्वों को प्रधानता नहीं दी, न बड़ी-बड़ी घटनाओं और लड़ाइयों को। मनुष्य का व्यक्तिगत रूप और मनुष्य का सामूहिक रूप—उसके काव्य में अध्ययन का मुख्य विषय रहा। इतिहास के प्रमुख घटना-नायकों से कहीं अधिक ध्यान, कवाफ़ी ने उन गौण ऐतिहासिक चरित्रों पर दिया, जिनका जीवन उन्हें उतना ही नाटकीय और महत्त्वपूर्ण लगा। साधारण घटनाओं और साधारण चरित्रों से भी सही मानवीय तथ्य निकाल सकने की कवाफ़ी में अपूर्व क्षमता थी। 'भीड़,' 'जनता,' 'जनसाधारण' जैसी चीज़ का जितना कुशल मनोवैज्ञानिक चित्रण कवाफ़ी ने किया है, वह कठिनता से और कहीं देखने को मिलता है। 'अलेक्ज़ेन्ड्रिया के बादशाह' शीर्षक प्रसिद्ध कविता में कवाफ़ी ने एंटनी और क्लिओपेट्रा के इतिहास-प्रसिद्ध प्रेम और पतन का प्रसंग न ले कर एक मामूली-सी घटना द्वारा (सीजर से क्लिओपेट्रा का पुत्र सीजरिओन, जिसका बाद में आक्टेवियस ने वध करा दिया, इस कविता का मुख्य पात्र है) उस गम्भीर घटना की ओर संकेत भर कर दिया है, क्लिओपेट्रा से अधिक उसके पुत्रों को महत्त्व देते हुए कवाफ़ी ने उस अलेक्ज़ेन्ड्रियाई जनता का बड़ा ही सफल मनोवैज्ञानिक विश्लेषण किया है, जो ऐतिहासिक दुर्घटनाओं या राजनीतिक यथार्थ में उतनी रुचि नहीं रखती, जितनी सिर्फ़ कौतुक-कौतूहल में।

अपनी कई कविताओं में कवाफ़ी ने इसी प्रकार भीड़ के नितान्त खिलवाड़ी, इतिहास-निरपेक्ष दृष्टिकोण द्वारा प्रसिद्ध घटनाओं में तीखा व्यंग्य भरा है। राजनीतिक उथल-पुथल और बनते-बिगड़ते शासकों के प्रति भीड़ शायद कभी भी उतनी दिलचस्पी नहीं रखती जितनी उनसे सम्बन्धित धूमधाम और उत्सव तमाशों में। राजनीतिक परिणाम चाहे बाद में अभिशाप ही क्यों न सिद्ध हो, लेकिन एक राजनीतिक परिस्थिति की तत्काल उपलब्धि यदि कोई दिलचस्प हंगामा है, तो लोग ख़ुशी-ख़ुशी उसमें शरीक हो जायेंगे। लोगों की मानसिक भेड़िया-धसान का बड़ा ही रोचक चित्रण कवाफ़ी ने अपनी विख्यात कविता 'विजेताओं की प्रतीक्षा' में किया है। सम्राट, सभासद, जनता—सब विजेताओं की प्रतीक्षा में नगर के मुख्य द्वार पर इकट्ठा हैं : वातावरण में काफ़ी सरगर्मी और उत्साह है, हालाँकि यह कोई नहीं जानता कि आने वाले विजेता कौन हैं—और कैसा व्यवहार विजितों के साथ करेंगे! सारी समस्या का हल फिलहाल वह विशाल समारोह और तैयारी है, जो विजेताओं के लिए है। इस कविता का सारा व्यंग्य अन्तिम पंक्तियों में सहसा चमक उठता है, जब ख़बर मिलती है कि विजेताओं का सरहद पर कहीं पता ही नहीं। समारोह की असफलता पर लोगों की निराशा—उनकी उस अबोध मनोवृत्ति पर मार्मिक आघात है, जो मेला चाहती है, उसके पीछे छिपी राजनीतिक आफ़तों को नहीं समझ पाती।

भीड़ की ग़ैर-ज़िम्मेदार बुद्धि के माध्यम से कवाफ़ी ने इतिहास की प्रसिद्ध घटनाओं के साथ ही विनोद नहीं किया, अक्सर इतिहास के माध्यम से जनमति पर भी बड़ी ही खरी टिप्पणी करने में नहीं चूका। उसकी कविताओं की यह दोधारी तेज़ी बराबर से चलती है। कवाफ़ी ने अपनी निजी पुराकथाएँ ही नहीं रचीं, उसी के उपयुक्त यथार्थ जनता-बुद्धि भी। 'अलेक्ज़ेन्ड्रिया में : 31 ई.पू.' कवाफ़ी की एक छोटी किन्तु बड़ी ही प्रभावशाली रचना है जिसमें एंटनी और क्लिओपेट्रा की ट्रेजडी पर भीड़ के माध्यम से व्यंग्यात्मक टिप्पणी में अलेक्ज़ेन्ड्रिया के स्थानीय रंगों का चटक और गझिन पुट है।

कवाफ़ी ने राजनीतिक भ्रष्टाचार और महत्त्वाकांक्षाओं पर केवल ऊपरी चोट नहीं की : उसके तानों की मूल शक्ति उसकी अचूक अन्तर्दृष्टि है जो मनुष्य स्वभाव की जटिलतम मक्कारी और

दुष्टता के स्रोत तक पहुँच उसे ज़लील कर देती है। कवाफ़ी की बेलौस आलोचना किस प्रकार साधारण-सी बात से उठ कर एक महत्त्वपूर्ण लक्ष्य को बेधती है, इसका सफल उदाहरण 'कुछ करना था' शीर्षक कविता के खरे राजनीतिक व्यंग्य में देखते ही बनता है। बात आज भी उतनी ही सटीक और चुभती हुई लगती है, जितनी तब रही होगी : इस उद्घाटन में, मनुष्य के कुछ चाहने और कर गुज़रने के बीच के पेचीदा सम्बन्धों को उभारने में, कवाफ़ी बेजोड़ हैं। उसके अन्वीक्षण के तले चाहे इतिहास हो, चाहे राजनीति, चाहे कोई घटना, चाहे भीड़—उसकी दृष्टि सही मनोवैज्ञानिक कारणों तक पहुँचने में नहीं चूकती।

जीवन के प्रति कवाफ़ी के अनोखे दृष्टिकोण का घनिष्ठ सम्बन्ध उसके अनोखे स्वभाव और उसके अस्वाभाविक रहन-सहन, वातावरण आदि से भी है। ग्रीक होते हुए भी आजीवन ग्रीस से बाहर, एक ग्रीक उपनिवेशीय जीवन बिताने के कारण, उसमें जो सांस्कृतिक निर्वासन की भावना घर कर गयी थी, उसका एक समाधान उसकी निजी पुराकथाएँ थीं अवश्य, लेकिन वे पूर्णतः कवाफ़ी की मानसिक ज़रूरतों को भरने के लिए काफ़ी न थीं। अकेलापन, ऊब, बेचैनी, उदासी, सनक आदि जगह-जगह उसकी कविताओं में फूट पड़ते हैं—विशेषकर उसकी प्रारम्भिक रचनाओं में 1911 से पहले और उसके आसपास : जैसे 'जहाँ तक हो सके,' 'आवाज़ें' और 'ऊब' कविताओं में।

अंग्रेज़ी के प्रसिद्ध उपन्यासकार ई. एम. फ़ॉर्स्टर ने—जो शायद पहली बार कवाफ़ी को यूरोपीय पाठकों के सामने लाये—अपने 'फारोस एण्ड फारीलान' (1923) में कवाफ़ी से पहली भेंट का रोचक चित्र खींचा है—'...एक ग्रीक सज्जन, पयाल की बनी हेट पहने, बिल्कुल स्थिर, ब्रह्माण्ड से ज़रा टेढ़े हो कर खड़े...' सृष्टि के प्रति कवाफ़ी के रुख़ का इससे अधिक उपयुक्त सचित्र वर्णन मिलना कठिन है। फ़ॉर्स्टर का काफ़ी समय पूर्वी देशों में बीता है, जिसने उनकी 'अ पैसेज टु इंडिया' तथा 'हिल ऑफ देवी' पुस्तकें पढ़ी हैं, वह आसानी से अनुमान लगा सकता है कि फ़ॉर्स्टर के लिए इस विचित्र व्यक्तित्व की खोज कितनी रोमांचकारी रही होगी।

शुरू की कविताओं में कवाफ़ी का झुकाव उस प्रकार ही पतनोन्मुख रोमांटिसिज़्म की ओर दिखता है जिसके लिए उन्नीसवीं सदी के अन्तिम वर्षों की एक सम्पूर्ण अंग्रेज़ी-फ्रांसीसी पीढ़ी बदनाम है : आस्कर वाइल्ड, पिउर लुई, ईजमान, लोत्रिआमो आदि में जिस अस्वाभाविक कामुकता की झलक हम देखते हैं, उससे कवाफ़ी की रचनाएँ भी अछूती नहीं। 'पूर्व बोध', '1901 के दिन' तथा 'एक रात' कविताएँ उसी रंग में हैं।

आरम्भ में मैंने भारतीय दृष्टिकोण की बात कही थी : ये तीनों कविताएँ, जहाँ ऊपरी तौर पर उर्दू शायरी के कुछ पक्षों की याद दिलाती हैं, वहीं उन कुछ प्राचीन नगरों की भी, जो ऐतिहासिक उथल-पुथल और बर्बरता का विशेष लक्ष्य रहे हैं। उत्तरी भारत के ऐसे बहुत से नगर ध्यान में आते हैं, जिन्होंने सदियों तमाम विदेशी आक्रमणकारियों की सनक, दुष्टता, निर्दयता, धर्मों और संस्कृतियों को सहा है और आज एक विचित्र व्यक्तित्व रखते हैं। अलेक्ज़ेन्ड्रिया के चित्रण में कवाफ़ी ने जगह-जगह उस रहस्यपूर्ण नगर-आत्मा का हृदयस्पर्शी पक्ष सामने रखा है—'उतनी ही जगह में'।

इसी प्रकार, एक शिक्षित व्यक्ति में विभिन्न संस्कृतियों और सभ्यताओं के खिंचाव को 'यहूदियों पर : 50 ई.' कविता में देखा जा सकता है।

लेकिन कवाफ़ी की दृष्टि केवल जीवन के कुत्सित और दुर्बल पक्ष पर ही नहीं थी : उसकी रचनाओं में जीवन एक सशक्त आकर्षण, जिसमें साहस और उत्साह के तत्त्व हैं, के रूप में भी

प्रतिष्ठित हुआ है। प्राचीन ग्रीक आदर्शों के अनुसार उसने जीवन को सहर्ष स्वीकारा—नगण्य परिस्थितियों तक को सँवारा।

बिल्कुल साहित्यिक मूल्यांकन में हम देखेंगे कि कवाफ़ी ने अपने काव्य में ऐसी बहुत-सी समस्याओं का सफल हल ढूँढ़ा, जिनका घनिष्ठ सम्बन्ध आज की कविता से है, लेकिन जो कवाफ़ी के समय में ठीक से सामने आ भी न सकी थीं। दूसरे, रोमांटिक भावभूमि रखते हुए भी कवाफ़ी कहीं कच्ची भावुकता के बहाव में नहीं बहा : जो बौद्धिक संयम और अनुशासन हम उसकी बाद वाली कविताओं में विशेष रूप से पाते हैं, वह बार-बार हमें प्राचीन ग्रीक के क्लासिकी कला-आदर्शों की याद दिलाता है। कवाफ़ी के व्यक्तित्व में जिन जातीय और विजातीय तत्त्वों का सम्मिश्रण हुआ, उन्होंने उसकी स्वाभाविक काव्य-प्रतिभा को और भी समृद्ध, रोचक और रंगमय कर दिया।*

(नोट : लेख व कविताएँ 'तनाव' पुस्तिका में प्रकाशित हुई हैं।)

---

*इस लेख में, कवाफ़ी पर उपलब्ध निम्नलिखित अंग्रेज़ी अध्ययनों से सहायता ली गयी है :

1. *दी क्रियेटिव एक्सपेरिमेंट,* सी. एम. बौरा (आर्टिकल ऑन कॉन्सटैन्टीन पी. कवाफ़ी)
2. *रेक्स वार्नर्स इण्ट्रोडक्शन टू दि पोएम्स ऑफ सी. पी. कवाफ़ी,* अनुवाद : जॉन मावरोगारडाटो
3. *टेल्स ऑफ़ अलेक्ज़ेन्ड्रिया,* डी. जे. एनराइट (रिव्यूइंग दि कम्पलीट पोएम्स ऑफ सी. पी. कवाफ़ी, अनुवाद : रे डालवेन)

अलेक्ज़ेन्ड्रिया के बादशाह

अलेक्ज़ेन्ड्रिया निवासियों की भीड़
क्लिओपेट्रा के बच्चों को देखने आयी है,
सीज़रिओन और उसके छोटे-छोटे भाइयों को,
अलेक्ज़ेन्डर और टोलेमी, जो पहली बार
सैनिक समारोह में रंगशाला ले जाये जा रहे हैं।

अलेक्ज़ेन्डर—अरमीनिया और मीदिया और पार्थियान्स का
शाह कहलाता है,
टोलेमी—किलीकिया, सीरिया और फिनीक का शाह।
सीज़रिओन ज़रा आगे है,
लाल रेशमी कपड़ों में,
गले में फूलों की माला,
मणियों और नीलम का दुहरा कमरबन्द;
जूते सफ़ेद रिबन से बँधे
जिन पर गुलाबी मोतियों का काम।
वह अपने भाइयों से कुछ बड़ा है
इसलिए शहंशाह कहलाता है।

अलेक्ज़ेन्ड्रिया निवासी सब समझते हुए—
इस खेल-तमाशे में रस ले रहे हैं।

वातावरण सरगर्म और काव्यमय,
नीलाकाश, उजला नीला,
रंगशाला में हर तरफ़ कमाल दिखाने वालों की धूम,
दरबारियों की शानशौक़त तो सुबहान अल्ला,
सीज़रिओन था कि सरापा हुस्नोअदा

(क्लिओपेट्रा का पुत्र, लेगास-पुत्रों का रक्त);
अलेक्ज़ेन्ड्रिया के निवासियों की भीड़ उमड़ पड़ी थी,

लोग मज़ा ले रहे थे, कभी जय-जयकार करते,
कोई ग्रीक भाषा में, कोई मिस्री में, तो कोई हिब्रू में–

अवसर ही इतना मज़ेदार था–
लेकिन असलियत सब समझते थे,
इन बादशाहों की और इनकी बादशाहत की।

विजेताओं की प्रतीक्षा

न्यायालय में इकट्ठा हम सब किसकी प्रतीक्षा में हैं?

आज विजेता आने वाले हैं।
राज्यसभा में सब चुप क्यों बैठे हैं?
सभासद कानून क्यों नहीं बना रहे?
क्योंकि आज विजेता आने वाले हैं।
सभासद अब क्या कानून बनाएँ?
जब विजेता आयेंगे वही कानून भी बनायेंगे।

हमारे सम्राट आज इतने सबेरे ही तैयार हो कर
नगर के मुख्य द्वार पर क्यों उपस्थित हैं?
सिंहासनारूढ़, सजे धजे, मुकुट पहन?
क्योंकि आज विजेता आने वाले हैं।

सम्राट उनके नेता का स्वागत करेंगे,
उसके सम्मान में तैयार किया हुआ एक भाषण पढ़ेंगे
जिसमें उसे तमाम उपाधियों और गुणों से विभूषित किया गया है।

हमारे दोनों राजदूत बाहर क्यों गये हैं?—और दंडनायक
अपने लाल ज़री के काम करने वाले शाल पहने,
और वे कड़े, मणियाँ, उँगलियों में चमकती हुई
हीरे की अँगूठियाँ, सोने-चाँदी के मूठ वाली क़ीमती छड़ियाँ

हाथों में, यह सब क्यों?
क्योंकि आज विजेता आने वाले हैं;
और इस तरह की चीज़ों से विजेता प्रभावित होते हैं।

हमेशा की तरह आज यहाँ रिहर्सल के लिए
भाषणकर्ता नहीं आये?
क्योंकि आज विजेता आयेंगे;
और उन्हें भाषणों, वक्तव्यों से ऊब लगती है।
क्यों यह हलचल और भभ्भड़ सहसा?
कितने संजीदा हो गये हैं लोग।
सड़कें और चौराहे इतनी तेज़ी से ख़ाली क्यों होने लगे–
मुँह लटकाये लोग घरों की ओर क्यों चल पड़े?
क्योंकि रात हो चली पर विजेता नहीं आये।
कुछ लोग सीमा से यह सूचना ले कर लौटे हैं
कि वहाँ विजेताओं का कहीं पता नहीं।

अब हमारा क्या होगा बिना विजेताओं के?
वे लोग आख़िर कुछ समाधान तो थे।

अलेक्ज़ेन्ड्रिया में : 31 ई. पू.*

अभी-अभी शहर के पास वाले गाँव से आया
रास्ते की धूल में सना-सनाया,
बिसाती। 'ले लो गोंद, लोबान...है कोई ख़रीदार?—
बढ़िया तेल जैतून का, औ, बालों में लगाने का महकदार।'
सड़कों पर चिल्लाता। कौन सुने उसकी उस शोर और धूम में,
गाने-बजाने और जुलूसों के हुजूम में?

भीड़ के धक्के खा, परेशान बेचारा,
'कैसा यह पागलपन?'—सोचता थका-हारा।

तभी पड़ जाती है उसके कान में
महल से उड़ी झूठी ख़बर—एंटनी की जीत यूनान में।

---

*31 ई. पू. में आक्टेवियन ने एंटनी और क्लिओपेट्रा को यूनान के पश्चिमी किनारे पर एक्टियम के पास बुरी तरह हराया था, उसी के बाद वाले साल में एंटनी ने अलेक्ज़ेन्ड्रिया में आत्महत्या कर ली।

कुछ करना था

आवारा और बरबाद तो हो ही चुका हूँ क़रीब-क़रीब।
यह दुष्ट नगर, आन्तिओक, मुझे खा गया,
यह हत्यारा नगर और यहाँ की अय्याश ज़िन्दगी।

लेकिन अभी स्वस्थ और जवान तो हूँ।
ग्रीक भाषा का उस्ताद
(अरस्तू अफ़लातून वग़ैरह को आद्योपान्त पढ़े हुए,
वक्ता, कवि—सभी कुछ तो हूँ)
फ़ौजी मामलों में भी कुछ दखल रखता ही हूँ
कई बड़े-बड़े फ़ौजी अफ़सर मेरे दोस्त हैं।
थोड़ा-बहुत शासन भी जानता हूँ।
पिछले साल, छह महीने अलेक्ज़ेन्ड्रिया में रहा था
और देखा कि कैसे घूस, दोस्ती वग़ैरह से काम निकलता है।

मैं तो समझता हूँ कि मैं हर तरह से
इस देश के लायक हूँ,
मेरा प्यारा देश, सीरिया।

वे लोग चाहे जहाँ मुझे रख कर देख लें
देश का फ़ायदा ही रहेगा। मुझमें कोई कमी नहीं मिलेगी।
फिर भी, यदि उन्होंने मेरे रास्ते में सरकारी अड़चनें डालीं—
तो इन अफ़सरों का इलाज मेरे पास है : क्या
अभी बताना ज़रूरी है?—
वे अगर मेरे रास्ते में आये, तो अच्छा न होगा।
सबसे पहले तो ज़बीनास* से बात करूँगा,

*जबीनास, ग्राइपास और हाइरकेनस ऐतिहासिक चरित्र हैं : कविता में उनके बारे में जितना स्पष्ट है, उससे अधिक जानकारी आवश्यक नहीं—कि वे सीरिया के शासन के प्रतिद्वन्द्वी थे।

और यदि उस मूर्ख ने मेरी परवाह न की,
तो उसके प्रतिद्वन्द्वी ग्राइपास के पास जाऊँगा,
और अगर उस गधे ने भी मुझे काम न दिया,
तो फ़ौरन हाइरकेनस के पास।

उन तीनों में से एक न एक तो मुझे चाहेगा ही।

जहाँ तक मेरा सवाल है
मेरे लिए तीनों बराबर हैं
जहाँ तक सीरिया का सवाल है
उसके लिए तीनों बराबर से नुक़सानदेह।

लेकिन मैं एक बरबाद आदमी, क्या करूँ।
मुझे तो किसी तरह अपना पेट पालना है।
विधाता ही कुछ करता, एक चौथा आदमी बनाता
जो ईमानदार होता।
बड़ी ख़ुशी से मैं अपने आपको उसे सौंप देता।

जहाँ तक हो सके

और यदि तुम अपना जीवन वैसा नहीं बना सकते जैसा चाहो,
तो इतना करो कम से कम : उसे सस्ता मत बना दो
दुनिया के बहुत साथ रह के
बहुत बात करके।

दर-दर मारे-मारे फिर कर,
लोगों की दैनिक मूर्खताओं से घिर कर,
जगह-जगह बार-बार दिख कर,
कभी मत बनने दो अपना जीवन
किसी के लिए भी इतना आसान
कि वह भार लगने लगे—
जैसे एक अनचाहा मेहमान।

आवाज़ें

आवाज़ें सम्मानित और प्रिय
उनकी जो मर चुके हैं, या उनकी
जो नहीं हैं हमारे लिए, मरों की तरह।

कभी-कभी सपनों में हमसे बोलते हैं;
कभी-कभी विचारों में बुद्धि उन्हें सुनती है।

और उनकी आवाज़ों के संग क्षण भर को लौट आती हैं
आवाज़ें हमारे जीवन की प्रथम कविता से–
जैसे संगीत, रात में, दूर कहीं, विलीन होता हुआ।

ऊब

एक उबाने वाले दिन के बाद एक और
उबाने वाला दिन, बिल्कुल वैसा ही। एक बार बीत कर
वही सब फिर से बीतेगा; वही विचार, वही क्षण—
फिर आयेंगे, फिर हमें पायेंगे, और पा कर चले जायेंगे।

महीने के बाद महीना। मालूम ही है
कि क्या आने वाला है; व्यतीत व्यथा
केवल एक थकन है।
कल जो आएगा आज ही लगता है।

पूर्व बोध

मेरे विलासी जीवन के युवा-वर्ष,
कितना स्पष्ट है आज उनका अर्थ।

कितना अनावश्यक, कितना निष्फल होता था पश्चात्ताप...
लेकिन तब उसका अर्थ न जाना।

कामुकता में डूबा यौवन
जब मेरी कविता का भविष्य बना,
और मेरी कला का प्रदेश

तभी तो मेरे पछतावों में दम न था।
अपने को बदलने का प्रयास, अपने को सँभालने के प्रयत्न

बस दो हफ़्ते अधिक से अधिक।

1901 के दिन

यही तो उसमें ख़ूबी थी,
कि घोर व्यभिचार के बीच,
अपनी आयु और आचरण की सारी
स्वाभाविक विलासिता के बावजूद,
कामुकता में पूर्णतः अभ्यस्त होते हुए भी,
वह कभी-कभी–यद्यपि बहुत ही कम–
ऐसा आभास दे जाता था
मानो उसका शरीर लगभग अछूता रहा हो।

उन्तीस वर्षों का उसका जवान सौन्दर्य
न जाने कितनी बार
ऐयाशी के लिए इस्तेमाल हुआ होगा,
लेकिन फिर भी, कमाल है, ऐसा लगता कभी-कभी
जैसे कोई नया माशूक़ पहली बार
अपनी स्वच्छ देह भोग के लिए दे रहा हो।

एक रात

कमरा दरिद्र और साधारण था,
एक बदनाम ढाबे के ऊपर छिपा हुआ,
खिड़की से गली दीखती थी,
गन्दी और तंग। नीचे से
आती कुछ मज़दूरों की आवाज़ें
जो ताश और हँसी-मज़ाक़ में व्यस्त थे।

वहाँ उस घिनौने बिस्तर पर
प्यार के लिए एक देह, होंठ,
कामुक नशीले होंठ गुलाबी शराब में डूबे,
मादक इतने कि आज भी, इतने वर्षों बाद,
अकेले घर में, यह सब लिखते समय,
नशे में झूम उठा हूँ।

उतनी ही जगह में

घर, बाज़ार, मोहल्लों का वातावरण
जिनमें मैं घूमता हूँ, जिन्हें देखता हूँ; सालहा साल।

मैंने तुम्हें रचा है अपनी ख़ुशियों और उदासियों के बीच :
तमाम परिस्थितियों से, तमाम चीज़ों से।

और अब तुम मेरी अनुभूतियाँ बन गये हो, तुम सबके सब।

यहूदियों पर : 50 ई.

एन्टोनिओस का पुत्र आयन्थीस, चित्रकार और कवि,
एन्डीमियन की तरह सुन्दर, खेल-कूद में कुशल,
एक धार्मिक यहूदी परिवार से सम्बन्धित।

'मेरे सर्वश्रेष्ठ दिन वे होंगे
जब मैं दैहिक उत्तेजनाओं को त्याग,
यूनानियों के कठोर किन्तु सुन्दर नियमों की उपेक्षा कर,

उनकी अचल श्रद्धा के प्रतीक–
स्वस्थ शरीर, सुन्दर–कामोपयोगी–देह पूजा को छोड़-छाड़,
सदा के लिए एक यहूदी, धर्मपरायण यहूदी बनूँगा...'

लेकिन वह सब बेकार की बात थी।
शुद्ध सुखवाद और अलेक्ज़ेन्ड्रिया की कला के आगे
उस बेचारे की एक न चली।

इथाका[1]

इथाका को खोजते जब भी निकलो
ध्यान रहे तुम्हारा सफ़र लम्बा हो,
जोख़िम भरा, ख़ूब सीखने को मिले।
लाइस्ट्रीगोनियन्स और वे साइक्लोप्स,
गुस्सैल पोसाइडन—उनसे डरो मत :
ये बस तभी तक हैं
जब तक तुम्हारे विचारों में उमंग है, जब तक
तुम्हारे जज़्बात तुम्हारे तन मन में दम ख़म है।
लाइस्ट्रीगोनियन्स और साइक्लोप्स,
क्रोधी पोसाइडन—फिर नहीं मिलेंगे कहीं
अगर वे नहीं हैं तुम्हारी आत्मा में,
अगर तुम्हारी आत्मा उन्हें जगा नहीं पाती।

चाहो कि तुम्हारी यात्रा लम्बी हो।
बहुत-सी हों ऐसी गर्म सुहानी सुबहें
—उल्लास और कृतज्ञता से भरी—
जब तुम नये नये बन्दरगाहों पर नये नये उतरो
जब तुम किसी अनजान जगह पहुँचो पहली बार :
फिनीशिया के व्यावसायिक केन्द्र पर रुको,
ख़ूब ख़रीदारी करो,
मोती, मूँगे, अम्बर, आबनूस,
और तरह-तरह के कामोद्दीपक इत्र,
अपनी मनभावन विलासी सुगन्धियाँ,
मिस्र के तमाम शहरों में घूमो
ढेरों जानकारियाँ इकट्ठा करो वहाँ जानकार लोगों से।

1. यूनान का एक छोटा-सा द्वीप। होमर की ओडिसी का नायक ओडिसिस यहीं रहता था। युद्ध से घर लौटने में उसे लम्बा समय लगा। कविता में उसी लम्बी यात्रा का उल्लेख है। इसमें आये अन्य नाम ओडिसी के ही पात्र हैं।

इथाका को हर समय ध्यान में रखना
आख़िर तो वहीं पहुँचना है तुम्हें।
लेकिन सफ़र में कतई जल्दबाज़ी न करना।
बरसों चले तो और भी अच्छा,
ताकि जब तुम द्वीप पर पहुँचो तब बूढ़े हो चुके हो
ताकि रास्ते में ही तुम्हें जो सब मिल चुका हो
वह इतना हो कि इथाका के पास उससे अधिक
और कुछ देने को न हो।

इथाका का अर्थ आख़िर है क्या? केवल एक यात्रा का आकर्षण।
उसके बिना तुम बाहर ही नहीं निकलते।
इससे अधिक और कुछ भी नहीं उसके पास देने को।

और यदि तुम्हें लगे कि इथाका तो कुछ भी नहीं निकला, तो भी
तुम्हें धोखा नहीं हुआ,
ये अनुभव, ये समझ भी कम नहीं
जब तुम जान लोगे कि इथाकाओं के अर्थ क्या होते हैं।

***कुछ हैं जिनका दिन शुरू होता[1]

कुछ हैं जिनका दिन शुरू होता
एक बहुत बड़ी 'चाहिए' के संकल्प से,
और कुछ का 'नहीं चाहिए' से।
तुरन्त स्पष्ट हो जाता
किसके अन्दरवाला 'चाहिए'
पक्की तरह तैयार है
एक के बाद एक पद प्रतिष्ठा को
बटोरते चले जाने के लिए।

जिसने कहा 'नहीं चाहिए'
कोई पछतावा नहीं उसे भी। जब पूछो
यही कहेगा—'नहीं चाहिए'
फिर भी वह 'नहीं चाहिए'
सही होते हुए भी
जीवन में उसकी मिट्टी पलीद करके रख देगा।

1. जो कविताएँ शीर्षकहीन थीं, उनका शीर्षक तीन सितारों व कविता की पहली पंक्ति से शुरू होता है।

थरमोपाइली[1]

धन्य हैं वे जो अपने जीवन द्वारा
थरमोपाइली को परिभाषित कर पाते
और उसकी रक्षा कर ले जाते।
जो उचित है उसके साथ छल नहीं करते
अपने कर्तव्यों में दृढ़ और न्यायी रहते
साथ ही दयालु और करुणामय भी;
उदार जब बहुत होता उनके पास,
जब कम होता उदार तब भी भरसक
सब के प्रति जैसे भी बन पड़े,
सच बोलते हमेशा पर
जो सच नहीं बोलते उनके लिए भी घृणा नहीं
रखते मन में।

और भी आदरणीय हैं वे
जो पहले ही से जान लेते (बहुतों की तरह)
कि एफ़िआलटीस प्रकट होंगे ही अन्ततः
कि मिडीस, जैसे भी हो, रहेंगे ही, आगे आयेंगे ही
कभी न कभी।

1. फ़ारस और यूनानी राज्य स्पार्टा के बीच दूसरी लड़ाई यहाँ हुई थी। इसमें एफ़िआलटीस ने अपनी मातृभूमि यूनान से ग़द्दारी की थी। आक्रान्ता फ़ारसियों या ईरानियों को मिडीस बोला जाता था।

रैनर मारिया रिल्के
Rainer Maria Rilke

1875–1926
जर्मनी

जीवन को समझना मत चाहो, तभी वह एक समारोह होगा

जर्मन कवि रिल्के प्रतीकवाद के अन्तिम और अन्यतम कवियों में से है। उपलब्धि और प्रभाव दोनों ही दृष्टियों से उसकी गणना उन कवियों में की जाती है जिनके कारण नयी कविता निर्विवाद रूप से प्रतिष्ठित हुई। सिद्धान्तों से कहीं अधिक रिल्के का कृतित्व नयी काव्यधारा के पक्ष को पुष्ट करता है। रिल्के की दोनों प्रसिद्ध लम्बी काव्य-कृतियाँ 'दुईनो एलेजीज़' और 'सानेट्स टु ऑरफियस' 1923 में प्रकाशित हुईं : टी. एस. इलियट का 'वेस्ट लैंड' उनसे एक ही वर्ष पहले छपा था। नयी काव्य-शैली में सफल लम्बी कविताएँ कम लिखी गयी हैं—टी. एस. इलियट का 'फोर क्वार्टेट्स', एज़रा पाउण्ड का 'कैन्टोस' आदि कुछ ही ऐसी लम्बी कृतियाँ गिनाई जा सकती हैं, जो रिल्के की 'दुईनो एलेजीज़' के टक्कर की हों।

रिल्के के काव्य की मुख्य प्रकृति एकान्तिक और भावनात्मक कही जा सकती है—लेकिन ये दोनों शब्द उसके लिए कुछ विशेष अर्थों में ही प्रयुक्त हो सकते हैं : उसकी एकान्तप्रियता न तो पलायनवादी है, न भावनात्मकता निरी भावुकता। यथार्थ को आत्मीय करके देखने का निराला ढंग उसकी काव्यशैली का अद्वितीय आकर्षण है। रिल्के की धारणा थी कि संसार मनुष्य के भीतर है : बाह्य से पहले इस भीतरी दुनिया को समझना आवश्यक है। उसे एक विशेष भाषा में ही समझा जा सकता है, उस भाषा में नहीं, जिसमें हम रोज़मर्रा की ज़रूरतों को समझते-समझाते हैं। स्वयं रिल्के की काव्य-साधना एक योगी की तरह थी—शोरगुल और आपाधापी से दूर। अंग्रेज़ कवि ऑडेन ने रिल्के को 'अकेलेपन का सान्ता-क्लॉज़' कहा है। निरी दुनियादारी, दिखावे और स्वार्थपरता से उसे चिढ़ थी : उसका काव्य एक अनन्य सौन्दर्य-साधक की मौलिक सृष्टि है। रिल्के की कुछ पंक्तियों में यह स्थिति बड़े ही मार्मिक ढंग से व्यक्त हुई है :

'जिसने अपने जीवन के अन्तर्विरोधों पर विजय पा ली
उन्हें एक प्रतीक में समेट कर,
वह भीड़ के शोरगुल से अपना आवास ख़ाली कर लेता है।
उसके घर एक नये उत्सव की तैयारी—
सौम्य सन्ध्याओं में तुम्हारा आतिथ्य...'

विशिष्ट जीवन जीने का शायद एक अनिवार्य फल है—निर्वासन और अकेलेपन की भावना। रिल्के भी उससे मुक्त नहीं। विशेष कुछ रचने के लिए विशेष तरह जीना होगा, इस तथ्य के साथ ही रिल्के इस ओर भी सचेत है कि उसे विशेष कुछ सहना भी होगा। 'कन्फॉरमिटी', या औरों की तरह जीने की समस्या, एक कवि के लिए संक्रान्ति-काल से अधिक सामान्य-काल में हो सकती है, इस महत्त्वपूर्ण अनुभूति को रिल्के ने कई जगह वाणी दी है :

'ज़माने के हर अचेत मोड़ पर
कुछ ऐसी भी अनाथ सन्तानें होती हैं
जिनका न वह है जो बीत चुका,
न वह जो बीतेगा...'

लेकिन जैसा कि मैं अभी संकेत कर चुका हूँ, रिल्के का प्रयत्न यथार्थ से भागना नहीं, बल्कि उसकी मूल प्रकृति को समझना था। दैनिक और वस्तुवादी दृष्टिकोण को यथार्थ न मानकर रिल्के मनुष्य के मानसिक जीवन को पहला यथार्थ मानता था, जिसका क्रमशः परिष्कार होता चलता है। उसका विश्वास था कि यथार्थ सम्बन्धी धारणाएँ भी कालान्तर में पुरानी और अपूर्ण पड़ती जाती हैं। जैसे-जैसे मनुष्य की संवेदनाओं का विकास होता है, यथार्थ भी न केवल परिवर्तित, बल्कि जटिलतर होता जाता है। रिल्के ने जिस यथार्थ को अपने काव्य में चित्रित करने का प्रयत्न किया है, उसमें स्थूल जीवन के स्पर्श से कहीं अधिक वास्तविक लगती है कवि के आत्मा की सचाई। निर्जीव वस्तुएँ भी उसके काव्य में ऐसी लगती हैं, मानो विचित्र भावनाओं में रहस्यमयी हो उठी हों।

निस्सन्देह, रिल्के अपनी कविताओं में यह प्रभाव भाषा को एक बिल्कुल नयी तरह प्रयोग करके ला सका है। रिल्के का साधारण पाठक तक यह अनुभव किये बिना नहीं रह सकता कि विषय-वस्तु से कहीं अधिक उसकी भाषा, एक पूर्ण रसात्मक अनुभव है। नयी कविता की अधिकांश प्रयोगात्मकता भाषा-सम्बन्धी है। रिल्के की भाषा के लिए शायद यह कहना अनुचित न होगा कि उसने जर्मन भाषा के छिपे तत्त्वों को उभारा ही नहीं, बल्कि भाषा के नये मूल्यों का आविष्कार किया। किसी हद तक वह कर्कश जर्मन भाषा को फ्रेंच भाषा की वह मिठास और गीतात्मकता दे सकने में सफल हुआ, जो उससे पहले कोई दूसरा जर्मन कवि नहीं दे सका। अस्तित्व की जिन गहराइयों तक रिल्के पहुँचना चाहता था, उसके लिए शब्दों को एक नयी ताक़त देना ज़रूरी था, साथ ही साथ ध्यान भी रखना था कि परिणाम केवल चमत्कार होकर ही न रह जाय, कवि के वांछित भावलोक को कुशलता से रच सके। तकनीकी दृष्टि से शब्दों और बिम्बों की मिलावट का जो तरीक़ा रिल्के ने अपनाया—यानी, संज्ञा को क्रिया की तरह और क्रिया को संज्ञा की तरह लाना, दैनिक शब्दों को विरल आध्यात्मिक सन्दर्भ में प्रयुक्त करना, सूक्ष्म को स्थूल विशेषणों से अलंकृत करना इत्यादि—वह काव्यक्षेत्र में बहुत नयी चीज़ न होते हुए भी रिल्के के काव्य में कोई बिल्कुल नयी और ताज़ा चीज़ लगती है।

यद्यपि रिल्के की ख्याति मुख्यतः 'दुईनो एलेजीज़' और 'सानेट्स टु ऑरफियस' के कारण बढ़ी, लेकिन अब उसकी बाद वाली कविताएँ कुछ अधिक पसन्द की जाती हैं। यों तो रिल्के कविता में बौद्धिकता की अपेक्षा भावना और कल्पना पर हमेशा अधिक ज़ोर देता रहा, उसका कहना था :

जीवन को समझना मत चाहो;
तभी वह एक समारोह होगा।

लेकिन आगे चल कर उसकी कविताएँ अधिक बहिर्मुखी और ठोस हो चली थीं। विकास की यह नयी दिशा सिद्ध करती है कि रिल्के की अत्यन्त जागरूक काव्य-चेतना अन्त तक रूढ़ नहीं हुई थी।

टी. ई. ह्यूम
T. E. Hulme

1883–1917
इंग्लैण्ड

दर्शन की कविता

आरम्भ में ही यह स्पष्ट कर देना आवश्यक है कि थामस अर्नेस्ट ह्यूम मुख्यतः कवि के रूप में नहीं प्रसिद्ध हैं, हालाँकि उनकी उपलब्ध पाँच कविताओं से ही इस बात का काफ़ी सबूत मिल जाता है कि यदि वह चाहते, तो कवि के रूप में शायद दार्शनिक से कहीं अधिक सफलता प्राप्त कर सकते थे।

1914-1917 में 'इमेजिज़्म' या 'बिम्बवाद' नाम से जिस छोटी-सी अंग्रेज़ी-अमरीकी काव्यधारा ने लोगों का ध्यान आकृष्ट किया और जिससे एज़रा पाउण्ड, एमी लावेल, हिल्डा डूलिटिल, रिचर्ड ऐलडिंगटन आदि के नाम विशेष सम्बद्ध हैं, ह्यूम के विचारों से काफ़ी प्रभावित थी : यहाँ तक कि ह्यूम को 'इमेजिज़्म' के सैद्धान्तिक पक्ष का पुरोहित कहना ग़लत न होगा। यद्यपि ह्यूम ने काव्य सम्बन्धी किसी पूर्ण विकसित मत का प्रतिपादन नहीं किया है, तथापि उनके 'स्पेकुलेशंस' में व्यक्त स्फुट विचारों के आधार पर कुछ ऐसे निष्कर्ष निकलते हैं, जो कविता को लेकर उनकी मान्यताओं को स्पष्ट करते हैं। प्रसंगतः उनका लेख 'रोमांटिसिज़्म और क्लासिसिज़्म' अपूर्ण होते हुए भी महत्त्वपूर्ण है।

मोटे तौर पर यह कहा जा सकता है कि ह्यूम क्लासिसिज़्म के हिमायती और रोमांटिसिज़्म के विरोधी थे। कविता में वैसी मांसलता, स्पष्टता और भौतिकता उन्हें पसन्द थी, जैसी हमें प्राचीन ग्रीक कविता में देखने को मिलती है। ऐसी धारणा केवल ह्यूम की ही नहीं थी, बल्कि उस समय अन्य कवि भी ऐसा अनुभव कर रहे थे कि रोमांटिसिज़्म के प्रभाव से भाषा अति वायवीय, आकाशीय और रहस्यमयी बन गयी है—उसे फिर से ज़मीन पर लाना होगा, उसे भौतिक जीवन से जोड़ना होगा। भावुकता तथा कच्चे अश्रुवाद ने भाषा को कमज़ोर और नाज़ुक कर दिया था, उसे थोड़ा कठोर और ठोस बनाना ज़रूरी था। ह्यूम का यह विश्वास कि अब 'सौ वर्षों के रोमांटिसिज़्म के बाद हम फिर क्लासिसिज़्म की ओर बढ़ रहे हैं' उस समय के वातावरण में था। टी. एस. इलियट ने भी रोमांटिसिज़्म को हीन ठहराया; एज़रा पाउण्ड, जेम्स जायस, विन्डहम लेविस, ऑडेन आदि सभी किसी न किसी रूप में रोमांटिसिज़्म से असन्तुष्ट थे। उस समय का हर नया कवि, कम से कम सिद्धान्त रूप में अपने को क्लासिसिज़्म के निकट रखना पसन्द करता था, भले ही उसका काव्य पूर्णतः क्लासिकल न बन पाया हो। वस्तुतः रोमांटिक और क्लासिकल में शायद उतना स्पष्ट अन्तर है भी नहीं, जितना आमतौर पर समझा जाता है। थोड़ी देर के लिए यदि हम दोनों की तुलना करते समय काल तत्त्व को निकाल कर सोचें, तो यह अन्तर और भी जटिल हो जाता है। शायद इसी जटिलता को ध्यान में रखते हुए पॉल वलेरी ने कहा था कि हर क्लासिकल कवि अपने समय का रोमांटिक कवि होता है। बहरहाल, यहाँ क्लासिक और रोमांटिक की विवेचना अभीष्ट नहीं। जहाँ तक ह्यूम या बिम्बवादियों का प्रश्न है, आवश्यक बात है वे काव्य-गुण, जिन्हें उन लोगों ने क्लासिक्स का गुण माना : 'क्लासिक्स' के पारिभाषिक औचित्य की व्याख्या तो अलग बात है।

ह्यूम का जीवन छोटा किन्तु घटनापूर्ण रहा। उनके मित्र, विश्वविख्यात शिल्पकार जेकब एप्सटाइन के शब्दों में, 'मुझे सबसे ज़्यादा पसन्द थी उसकी वैचारिक ईमानदारी–और तेज़ी। ज़रूरत पड़ जाये तो चाहे कोई आदमी हो या सिद्धान्त, फुर्ती से उसे ज़ीने से नीचे फेंक देने में उसे शायद ही हिचक हो।' 1904 में उन्हें कैंब्रिज छोड़ना पड़ा, पढ़ाई समाप्त करने के कारण नहीं–किसी झगड़े में हिस्सा लेने के कारण! दो वर्ष तक लन्दन में रह कर स्वतन्त्र अध्ययन करते रहे, 1906 में तीन महीने तक कनाडा में घूमते रहे, 1907 में फ्रांस गये जहाँ अंग्रेज़ी पढ़ाते और फ्रांसीसी व जर्मन पढ़ते रहे। 1912 में प्रसिद्ध फ्रांसीसी दार्शनिक प्रोफ़ेसर बर्गसों की, जिनके दर्शन का ह्यूम पर गहरा प्रभाव पड़ा, सिफ़ारिश पर वे कैंब्रिज में पुनः ले लिए गये, लेकिन उनके लिए यूनिवर्सिटी में नियमानुसार अध्ययन करना असम्भव ही रहा। बर्लिन जा कर उन्होंने जर्मन दर्शन और मनोविज्ञान का अच्छा अध्ययन किया। लौटकर कुछ दिनों तक लन्दन रहे और सक्रिय रूप से उस समय के साहित्य और कला में भाग लिया। 1914 के बाद का जीवन फ़ौज में बीता, लड़ते हुए और लड़ाई पर लिखते हुए। 1917 में न्यूपोर्ट के पास लड़ाई में मारे गये। ह्यूम ने दर्शन और सौन्दर्यशास्त्र सम्बन्धी कई पुस्तकों की विस्तृत योजना बना रखी थी, लेकिन असमय मृत्यु के कारण वे पूरी न हो सकीं। जो थोड़े-बहुत नोट्स उपलब्ध हैं, उनसे ही यह स्पष्ट है कि ह्यूम का दर्शन और काव्य के क्षेत्र में कितना महत्त्वपूर्ण योग हो सकता था–यदि वे अपनी योजना के अनुसार काम पूरा करने का समय पाते।

ह्यूम की तीन कविताओं का अनुवाद दिया जा रहा है। अनुवादों में मूल के साथ कठिनता से न्याय हो सका है, लेकिन ह्यूम की सशक्त और ताज़ा चित्रात्मकता का कुछ अन्दाज़ इनसे लग सकता है।

शरद

शरद रात्रि... हल्की-सी ठंडक...
दूर टहलते हुए
देखा रक्ताभ चाँद को,
जैसे कोई सुर्ख़ चेहरे वाला किसान
बाड़ के सहारे खड़ा हो
और सितारे
शहर के तमाम छोटे-छोटे बच्चों की तरह
उसे घेरे हों।

मैं बात करने के लिए रुका नहीं,
केवल सिर हिला दिया।

बन्दरगाह के ऊपर

आधी रात को ख़ामोश बन्दरगाह पर
ऊँचे मस्तूल की रस्सियों में उलझा हुआ
चाँद लटक रहा है।
वह जो इतनी दूर लगता था
केवल गुब्बारा है
जिसे कोई बच्चा खेल के बाद भूल गया है।

तटबन्ध

(जाड़ों की ठिठुरती रात में एक धराशायी भद्रपुरुष की मनोकामना)

एक बार
सड़क के कठोर पत्थरों पर
सुनहली एड़ियों का छटकना...
और फिर
एक ऐसी प्रगाढ़ तन्मयता
जैसी कभी-कभी वायलिन के सूक्ष्म रागों में मिली है।

मेरे ख़याल से
कविता का सत्व गरमाहट है।

हे ईश्वर,
आकाश के इस पुराने कम्बल को
जिसे तारों ने खा डाला है
कुछ छोटा कर दो,
ताकि इसे अपने चारों ओर लपेट कर
आराम से पड़ा रहूँ।

एज़रा पाउण्ड
Ezra Pound

1885–1972
अमेरिका

दो समाधि-लेख[1]

(1)

फू ई को ऊँचे बादलों और पर्वतों से
बड़ा प्रेम था :
अफ़सोस, इन्हें शराब का नशा ले बीता।

(2)

ली पो भी नशे की ही हालत में मरे।
एक दिन वे पीली नदी में तैरते चाँद से
गले मिलने बढ़ गये।

1. पहला हिस्सा चीनी कवि फू ई (554-639) पर है, जो कि सुई राजवंश का जागीरदार था। यह फू ई की ही पंक्तियों का अनुवाद है। फू ई ने अपने जीते-जी अपनी समाधि पर लिखी जाने वाली पंक्तियों के रूप में इस कविता की रचना की थी। माना जाता है कि उसने ही चीन में क़तबा या समाधि-लेख की परम्परा चलाई। दूसरा हिस्सा कवि ली पो (701-762) पर है, जो कि पाउण्ड की ख़ुद की पंक्तियाँ हैं।

डी. एच. लॉरेंस
D. H. Lawrence

1885–1930
इंग्लैण्ड

मनुष्य और चमगादड़

सवेरे
क़रीब दस बजे
जब मैं अपने कमरे में गया,
जो एक डब्बे की तरह
कंकरीले वाया द बार्डी में है।

सवेरे
कमरे में घुसते ही,
अरे!... एक बड़ा-सा पक्षी!

एक पक्षी घबराया-सा
कमरे में मँडराता।

चक्कर पर चक्कर लगाता था
वह चमगादड़!
        राबेरे राबेरे
        वह घिनौना चमगादड़!

हट! बाहर हट!

वह चक्कर काटता रहा
उसकी चिपचिपी-सी, तनी हुई, असह्य उड़ान,
पागलपन के गोते
और एक, गन्दी-सी, सनक
वह चमगादड़
        बड़ा-सा
        बेडौल।

'हट! मेरे कमरे से बाहर हट!'
मैंने कमरे की खिड़कियाँ–
परदा हटा कर–
बाहर के खुले, शान्त, वातावरण की ओर खोल दीं
कि वह निकल जाय...

अब हट...
कमरे से बाहर हट!

और ऐसे ही मैं अपना सफ़ेद रूमाल हिला हिला कर
उसे बाहर भगाता रहा।
मगर वह न निकला।

चक्कर पर चक्कर लगाता रहा
मेरे कमरे में,
उसकी वह मनहूस जल्दी,
हवा में लड़खड़ाता जानवर
लुढ़कता
झपटता,
कभी दीवारों से भिड़ जाता
कभी घण्टी के तारों से।

पर वह कमरे के बाहर न निकला!

डर से सहमा हुआ,
बौखलाया,
वाया द बार्डी की उस तंग खाड़ी से
वह ऊपर न उठ सका।

आख़िर वह
खिड़की से झाँकते
प्रकाश-सागर की ओर फिसला,
पर तुरन्त ही वापस
अन्दर झपट आया,
जैसे हवा के किसी तेज़ थपेड़े ने
उसे अन्दर की ओर झोंक दिया हो,

चक्कर, चक्कर, चक्कर!

वह और भी बौखलाया,
बदहवास,
घूमता रहा
कि उसे कोई कोना,
            तार,
            रस्सी,
            कुछ भी मिल जाय
            जहाँ वह थम सके :
मैं लगातार देख रहा था,
और वह था
कि मेरे कमरे में बराबर
चक्कर पर चक्कर लगाता था,
डर और जल्दी में काँपता
वह और भी बौखलाता जाता है,

मेरे कमरे में
चमकता बुझता वह चमगादड़!

पर मैं उसे न रुकने दूँगा,
हरगिज़ नहीं,
धब्बे की तरह चिपक कर उस कोने में
वह यहाँ नहीं सुस्ता सकता।

मैंने उसे फिर उकसाया,
कि वह खिड़की के बाहर निकल जाय।

वह खिड़की से समुद्र की ओर लपका,
और मैं उसके पीछे भागा
कि उसे डरा कर बाहर कर दूँ।

पर वह उठा
और किसी अधिक भयानक डर से घबरा
मेरे ऊपर से उड़ आया—
कमरे में वापस...

और फिर वही चक्कर पर चक्कर
        थका,
        लड़खड़ाता,
        पस्त,

वह हवा में झूल उठता था।
हर बार जब वह खिड़की की ओर बढ़ता
कोई चीज़ उसे अन्दर की ओर ठेल देती थी!

एक अजीब-सा वृत्त
और फिर वही चक्कर
पर वह बाहर नहीं जा पाता था
और मुझे लगा कि यह दिन का
प्रकाश था
जिसमें वह नहीं घुस सकता,
वैसे ही जैसे मैं किसी
सफ़ेद, धधकती भट्ठी में न जा सकूँ!

कैसे वह खिड़की के बाहर
प्रकाश के बीहड़ बहाव में फाँद पड़ता?

मैं उसके स्वभाव के विपरीत
उससे आशा करता था!
मेरी चिल्लाहट कि हट!
        बाहर हट!
और मेरे सफ़ेद रूमाल के आतंक से
कहीं अधिक भयानक था
खिड़की के बाहर
वह सफ़ेद प्रकाश!

मैंने बढ़ कर बिजली जला दी
सोचा :
        'अब तो बाहर भूरा भूरा-सा दिखाई देगा'

पर न
बाहर भूरा न दिखाई दिया,
अन्दर की पीली रोशनी सही जा सकती थी।

चुपचाप!
वह चुपचाप सुस्ता रहा था।

मगर नहीं,
मेरे कमरे में नहीं!

फिर वही चक्कर लगने लगे,
छत के निकट
जैसे वह एक जाल में फड़फड़ा रहा हो
        डूबता,
        लड़खड़ाता,
        अपने ही भार से
        बोझिल,
        अब वह टूट चुका था।

थकान के भारी बोझ से आकुल
        बिल्कुल निराश
वह विकल था
कि कहीं भी
कैसे भी
एक क्षण सुस्ता ले
सिर्फ़ एक क्षण...

और मैं!
नहीं, हरगिज़ नहीं,
मैं कहता हूँ—
बाहर हट!

वह धीरे से उड़ा,
लड़खड़ाता,
हवा में गिरता पड़ता;
थकान से अन्धा।

फिर भी उसमें इतना साहस नहीं था
कि सफ़ेद प्रकाश को पार करके
मुक्ति की ओर उड़ जाये...
अगर एक चिड़िया होती तो वह फाँद जाती
चाहे जो होता।

गिरता,
डूबता,
झूलता,
चकराता,
        वह काँपता पक्षी
        अब बुरी तरह थक चुका था।
        वे बोझिल डैने :
        एक ऊँचे कोने में
        चुपचाप,
वह चिपट गया,
        कलंक की तरह
        या शायद प्रार्थना की तरह!
मगर नहीं।
हट! बाहर हट!

आख़िर वह एक कोने में गिर पड़ा
        हाँफता
        बिल्कुल पस्त(बेदम)।
और एक धब्बे की तरह पड़ा
वह मेरी ओर देखता रहा।
उसकी उभरी, दाने जैसी, आँखें
        काली,
        अड़बंग कान,
        बन्द डैने,
    और भूरा रोयेंदार शरीर।
    भूरे,
    बिल्कुल भूरे,
    कोमल रोयें,
    वही रोयें जो उस काली
    पतली, बेढंगी मकड़ी पर हो सकते हैं।
अब मुसीबत थी।
वह काली गन्दगी वहीं जम गयी थी।

पर वह वहाँ नहीं बैठेगा,
न वहाँ कहीं लटकेगा
मेरे कमरे में
वह कुत्सित चीज़ नहीं रह सकती थी।

मगर वह तो किसी भी तरह
दिन की मीठी आग में
जाने को तैयार न था।

क्या करूँ?
        उसे कुचल डालूँ?
        मार डालूँ?
        और बाहर फेंक दूँ?

उहुँक
        मैंने उसे नहीं बनाया है।
        इसकी मौत की ज़िम्मेदारी
        इसे बनाने वाले ईश्वर पर है...

पर मैं यह जानता हूँ कि
दिन दहाड़े
        यह कलंक मेरे कमरे में नहीं रहेगा।

वह ईश्वर
जिसने इन चमगादड़ों को बनाया है
इनके गन्दे कोनों में बैठकर
इनकी देखभाल करे।

मैं हर दरार में एक ईश्वर को स्वीकार कर सकता हूँ
पर अपने कमरे में चमगादड़ों को नहीं।
चमगादड़ों के ईश्वर तक को नहीं
जब तक इस सूर्य में प्रकाश है।

इसलिए हट, बाहर हट, जंगली!

और वह थक्का फिर उठा,
मुझसे दूर
कतराता हुआ
कमरे में वैसे ही चक्कर लगाने लगा,
जैसे डैनों पर एक लोथड़ा सँभला हो,

कितना गन्दा था वह अपनी थकान में,

हवा को थपथपाते
वे अँधेरे, झिल्ली जैसे, डैने
बिल्कुल बेदम थे
पर्दे के पास
फ़र्श पर वह,
        धप-से गिर गया।
        और पड़ा रहा।

आह मौत!
तू जीवन की समस्याओं का कोई हल नहीं है!
चमगादड़ चमगादड़ ही रहेगा
(मर कर भी)

यह जीवन ही जो समस्याओं को सुलझा सकता है।

मनुष्य के सामने केवल आँखें फाड़ फाड़ कर
घूरती हुई समस्याएँ ही हैं जीवन में।

मैंने अपने ऊनी कोट में
सँभाल कर उसे उठा लिया
कि कहीं वह काट न ले मुझको;
क्योंकि अगर वह काटता
तो मैं उसे अवश्य मार डालता
        उस गन्दे को।

पर वह मेरे हाथ में छुपा
हिला भी नहीं
जल्दी से मैंने
उसे खिड़की के बाहर झटक दिया,
और वह दुम दबा कर उड़ गया,

बिल्कुल सीधा
एक चिड़िया की तरह
वाया द बार्डी से दूर,
कड़कते कोड़ों की उस खाड़ी से ऊपर
बोंर्गो सान जा कोयो की ओर।

और अब
जब कि साँझ हो चली है,
नदी के ऊपर
अपनी छोटी-सी उड़ान के घमण्ड में
वह देख रहा होगा
सूरज को डूबते हुए;
        मुझे विश्वास है
        कि बड़ी मौज से वह गायेगा
        मुझे यहाँ लिखते देख कर :

'वह बैठा है
वहाँ भड़भड़िया आदमी
मगर मैं उससे बड़ा हूँ...

क्योंकि मैं
उससे बचकर भाग आया हूँ।'

लुई आरागों
Louis Aragon

1897–1982
फ्रांस

रिचर्ड द्वितीय—चालीस के

एक बजरे की तरह है मेरा देश
जिसको बिसरा दिया उसके कर्णधारों ने
और मैं, अपने अभाग्य से भी अधिक अभागे
उस सम्राट की तरह हूँ
जो सम्राट था बस अपनी वेदनाओं का।

जीना एक तिकड़म से ज़्यादा नहीं
आँसू हवा में नहीं सूखते
घृणा ही ठीक है अब उस सब से जिसे प्यार करता
ले जायें वे वह सब जो मेरा नहीं
मैं तो सम्राट हूँ अपनी वेदनाओं का।

हृदय धड़कना बन्द कर दे तो क्या
ख़ून ठण्डा पड़ कर भी रग़ों में तो दौड़ेगा
चोर चोर के खेल में दो और दो चार हो या न हो
मैं तो सम्राट हूँ अपनी वेदनाओं का।

अब चाहे सूर्योदय हो या कि सूर्यास्त
आकाश में कोई रंग शेष नहीं
विदा, मेरे युवा दिनों के सुहावने पेरिस
विदा, हाट में सजे फूलों के बसन्त दिनों
मैं तो सम्राट हूँ अपनी वेदनाओं का।

तोड़ लो नाता इन वनों से, बहारों से,
चुप हो जाओ कलोल करते पंछियो

तुम्हारे गीत कहीं क़ैद न कर लिए जायें
यहाँ अब चिड़ीमारों का राज है
मैं तो सम्राट हूँ अपनी वेदनाओं का।

पीड़ाएँ—उसी का समय है अब
याद आता है वोकूलर्स में ज़ोन का विलाप
हाय मेरा देश टुकड़े-टुकड़े वही उदासी है आज
मैं तो सम्राट हूँ अपनी वेदनाओं का।

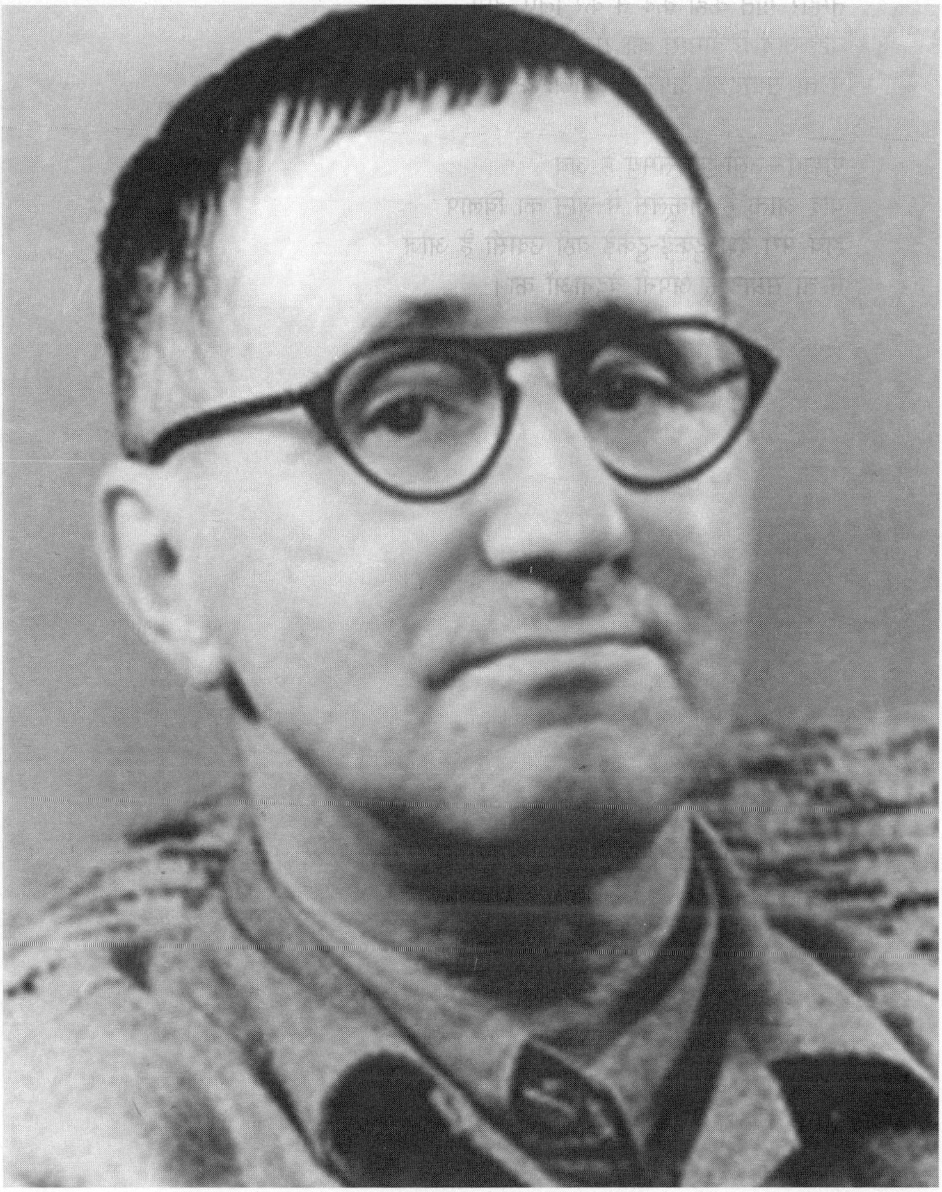

बर्तोल्त ब्रेख़्त
Bertolt Brecht

1898–1956
जर्मनी

यात्री

जब, वर्षों पहले मैंने ड्राइविंग सीखना शुरू किया,
मेरे शिक्षक कहते सिगरेट पीते रहो, अगर
ज़्यादा भीड़ या मोड़ों पर वह बुझ जाती
तो वे तुरन्त स्टिअरिंग मेरे हाथों से ले लेते।
अक्सर मेरे चलाते वक़्त हँसी-मज़ाक़ करते रहते।
अगर मैं गम्भीरता से सिर्फ़ स्टिअरिंग पर ही
जुटा रहता तो मुझे किनारे हटाते हुए कहते
'जब कोई ड्राइवर कार को बहुत जुट कर चलाता है
तब मुझे उसके साथ बैठने में घबड़ाहट होती!'

तब से कोई भी काम करते वक़्त मैं
उसमें एक़दम नहीं पिल पड़ता।
अपने चारों तरफ़ तमाम चीज़ों का ध्यान रखता हूँ।
अक्सर अपना काम रोक कर किसी से गपशप करने लगता :
सिगरेट पीना भी
दुश्वार हो जाय इतना तेज़
चलाना, अब छोड़ चुका हूँ।
ध्यान रखता हूँ
कि साथ भी कोई बैठा है।

सीखना

पहले बालू पर, फिर पत्थर पर कुछ बनाया
पत्थर धसक गया
तो कुछ नहीं किया।
        फिर अक्सर बनाया
        बालू और पत्थर पर, जो मिल गया,
        लेकिन कुछ सीखा भी।

पत्र जिसके सुपुर्द किया
उन्होंने फेंक दिया। लेकिन वे जिनको सोचा भी नहीं था
उन्हें मेरे पास वापस लाये
तो कुछ सीखा।

जिसकी हिदायत थी वह नहीं हुआ
वहाँ पहुँचा तो देखा हिदायत ग़लत थी।
सही चीज़ हो चुकी थी।
उससे कुछ सीखा।

घाव दुखते हैं
अब ठंढक है
लेकिन कहा करता हूँ सिर्फ़ क़ब्र में ही
कुछ नहीं बचेगा सीखने को।

महास्तुति

नमन कर रात्रि और अँधेरे का जो तुझको घेरे हैं!
एक साथ
दृष्टि उठा ऊपर को :
बीत गया, ले यह दिन भी बीत गया।
नमन कर घासपात जीवजन्तु जीवन औ' मरण में तेरे सब सखा बन्धु!
देख इन्हें
प्राणवान ये भी तेरे समान,
तेरी तरह नाशवान ये सारे चर अचर।
नमन कर वृक्ष का
जो प्रसन्न बढ़ता है ऊपर को सड़े-गले कूड़े पर!
नमन कर सड़े-गले कूड़े का
नमन कर वृक्ष का जो उसको पचा गया;
लेकिन सर्वोपरि उस सत्ता का नमन कर।
नमन कर श्रद्धानत उस प्रभु का जो याद नहीं रख पाता!
तू क्या है, कौन है, कहाँ पड़ा रहता है—कुछ जिसको पता नहीं
नमन कर अँधेरे का, सीलन का, राड़ानों का!
तू तो बस ऊपर देख :
तुझसे क्या मतलब क्या होता है आसपास
तू तो बस मरता रहे शान्ति से, शान्ति से।

होर्हे लुईस बोर्हेस
Jorge Luis Borges

1899–1986
आर्हेन्तीना

बोर्हेस का काव्य संसार

यह सच है (अप्रिय सच शायद?) कि अक्सर सशक्त और जानदार कविता संघर्षपूर्ण और संकटग्रस्त सामाजिक, राजनीतिक और आर्थिक पृष्ठभूमि से उपजी है : समतल और समृद्ध समाजों की कविता सामान्यतः सपाट, या फिर विलासी, होकर रह गयी। आज तीसरी दुनिया का साहित्य कहीं-न-कहीं तीसरी दुनिया की उन समस्याओं से जुड़ा साहित्य है, जिसमें भले ही पाश्चात्य काव्यान्दोलनों की झलक हो लेकिन विषय के स्तर पर जो एक बिल्कुल अलग तरह की संवेदना और कठोर यथार्थ से हमारा सामना कराते हैं। उन पर योरपीय प्रभावों की बात सोचते वक़्त दो बातों को ध्यान में रखना ज़रूरी है। एक तो यह कि उनकी भाषायी परम्परा योरपीय है, दूसरी यह कि कविता पर 'आधुनिकता' जैसे प्रभाव विश्वव्यापी रहे हैं। किसी भी देश की कविता 'प्रतीकवाद' से ले कर 'उत्तर-आधुनिकतावादी' आन्दोलनों तक ऐसे तमाम प्रभावों से गुज़रती रही है, जिसकी जड़ें देशी और विदेशी—दोनों ही के बीच निकट अन्तःसम्बन्धों का फल है। केवल विदेशी प्रभाव के कारण ही कोई कविता अपनी ज़मीन से कटी हुई कविता नहीं हो जाती। कविता के लिए जहाँ अपनी ज़मीन से जुड़ना ज़रूरी है, वहीं अपने समय से भी—और इस माने में संसार के किसी भी कोने में लिखी गयी उत्कृष्ट कविता संसार की कविता होती है। बोर्हेस की कविता इस सचाई की एक मिसाल है कि भरपूर योरपीय प्रभावों के बावजूद उनकी कविता का स्वभाव आर्हेन्तीना, बल्कि ब्यूनस आइरेस, की ज़िन्दगी और जगहों से पूरी तरह सराबोर है।

जिन कुछ लातिन अमरीकी कवियों का नाम ख़ास तौर पर इस देश में जाना जाता है उनमें पाब्लो नेरुदा, होर्हे लुईस बोर्हेस तथा ओक्तावियो पाज़ के नाम प्रमुख हैं।

1899 में ब्यूनस आइरेस में जन्मे बोर्हेस का वर्ष 1986 में निधन हुआ। यद्यपि 87 वर्ष की लम्बी आयु उन्होंने पायी, लेकिन उनके अत्यन्त सशक्त और मौलिक लेखन को उनके देश के बाहर साठ के दशक के बाद ख्याति मिली, जब उनकी कहानियाँ, लेख और कविताएँ आदि फ्रेंच और अंग्रेज़ी में अनूदित हुईं।

नार्मन थॉमस दी जोवन्नी ने बोर्हेस के साथ (1968 से 1972 के बीच) उनकी रचनाओं के आठ अंग्रेज़ी संस्करण तैयार कराके छपाए। बोर्हेस की कविताओं के अनुवादकों में जोवन्नी के अलावा डब्ल्यू. एस. मरविन, अलस्टेयर रीड, मार्क स्ट्रैन्ड, रिचर्ड बिलबर, अलन डूगन, बेन बेलिट, राबर्ट फिट्ज़जेरल्ड आदि के नाम जुड़े रहे हैं। हिन्दी के अनुवाद यहाँ इन्हीं के अंग्रेज़ी अनुवादों की सहायता से किये गये हैं। कुछ कविताएँ 'पेंगुइन बुक्स' द्वारा प्रकाशित 'लातिन अमरीकी काव्य संकलन' में संगृहीत बोर्हेस की कविताओं के गद्यानुवाद से भी की गयी हैं। 'साइक्लिकल नाइट' या 'निशा-चक्र' की तुक-योजना मैंने मूल कविता के अनुसार रखी है।

राजनीति के बारे में बोर्हेस ढुलमुल राय रखते थे, या शायद कोई भी राय नहीं रखते थे। मसलन, पेरोन के विरोधी थे—कुछ निजी कारणों से भी। कास्त्रो के प्रति लगभग निरपेक्ष। उनका राजनीतिक स्वभाव किसी हद तक रूढ़िवादी था। सावधान और संकोची प्रकृति के बोर्हेस उच्चादर्श और महान उपदेशों को ले कर बहुत उत्साही नहीं दिखते। ब्रह्माण्ड, दैवी-अनुकम्पा, आत्मा, परमात्मा जैसी धारणाओं से खेलने में उन्हें मज़ा आता है, लेकिन उन्हें लेकर उनके मन में कोई जुनून या जोश नहीं। वे ब्रह्माण्ड की अनात्म सत्ता के प्रति संशयवादी थे।

बोर्हेस यथार्थ को ऐन्द्रिय और संस्पर्शमूलक मानते थे। भाषा को उसके जीवन्त-स्पर्श का अनुभव करा सकने में किसी हद तक असमर्थ पाते थे, क्योंकि वह ज़रूरत से .ज़्यादा सांकेतिक और अमूर्त होती है। इसीलिए 'यथार्थवाद' अपनी सारी कोशिशों के बावजूद, वास्तविकता के बहुत निकट नहीं आ पाता। बोर्हेस की मान्यता थी कि संसार अपनी छोटी-छोटी स्थूल विविधताओं में मुक्त और सुन्दर है : भाषा में सामान्यीकृत होते ही वह विवश और धुँधला दिखता है। भाषा, यथार्थ और रचना के बीच बोर्हेस सतही नहीं, एक आन्तरिक त्रैकोणिक सम्बन्ध देखते हैं। भाषा जितना कुछ कह पाती है, उससे कहीं अधिक महत्त्वपूर्ण कभी-कभी वह हो सकता है, जो उससे अनकहा रह जाता है : उस अकथ या अकथनीय का संयोजन भी रचनात्मकता है। सबकुछ भरपूर बयान कर देना कला नहीं, हादसा है—उन लोगों की बीमारी है, जो यथार्थ के पीछे दीवाने हैं। साहित्य कभी भी ज़िन्दगी की जगह नहीं ले सकता, पर कभी-कभी ज़िन्दगी से भी .ज़्यादा सुन्दर ज़रूर हो सकता है, क्योंकि उसे हम एक रचना में यत्न से रचते हैं—एक कथानक की तरह—जबकि ज़िन्दगी अनगढ़ और बेतरतीब होती है।

बोर्हेस की रचनाएँ न तो यथार्थ से आक्रान्त हैं, न ही यथार्थ-निरपेक्ष। वे यथार्थ को सीधा और सपाट न मान कर उसे व्यूहात्मक (लेब्रिन्थाइन) या पेचीदा मानते हैं—गोरखधन्धे या भूल-भुलैया की तरह का—और उसमें भटकने-भटकाने को कभी कौतूहल, कभी कल्पना की उड़ानों, कभी रहस्य-कथाओं, कभी गणित-बुझौव्वल, कभी दार्शनिक ऊहापोह की विचित्र भाषाओं में व्यक्त करते हैं। अगर कहूँ कि काफ्का का 'व्यूह' संत्रासात्मक है, मुक्तिबोध का व्यूह एक दुःस्वप्न की तरह है और मारकेस का 'जादुई' या तिलिस्मी, तो शायद बोर्हेस के व्यूह को पहेली की तरह का माना जा सकता है।

कथाकार, निबन्धकार, कवि—इसी क्रम से बोर्हेस के महत्त्व को समझा जाना चाहिए, लेकिन इसका यह मतलब नहीं कि कवि के रूप में बोर्हेस असाधारण महत्त्व के कवि नहीं हैं। स्वयं उनका कहना है, "सबसे पहले तो मैं अपने को एक पाठक मानता हूँ, फिर कवि, फिर गद्यकार...। किसी अंश को इस तरह पढ़ा जाय कि वह तर्क को सम्बोधित हो, तो उसे गद्य मानना चाहिए, कल्पना को सम्बोधित हो, तो कविता। मैं कल्पना को प्रमुखता देता हूँ। ...अन्ततः यदि ठहरूँगा, तो अपनी कविताओं के बल पर ही, या फिर नहीं।"

एक बौद्धिक कवि होने के उस मुश्किल आदर्श को बोर्हेस सफलता से निभाते हैं, जहाँ उनकी कविता जीवन के अत्यन्त सामान्य प्रसंगों से भी असामान्य निष्कर्ष और गहरी मनोवैज्ञानिक सचाइयों से पाठक का औचक सामना कराती है। उनकी कविताएँ बहुत सहूलियत से हमें जगाती हैं; शोर करके झकझोरती नहीं। उनका कहना है, "कविता लाइब्रेरी में सजी किताबें नहीं हैं... कविता पाठक द्वारा किताब की छानबीन है, एक खोज है।"

"जब मैं कुछ लिखता हूँ, तो मुझे ऐसा लगता है कि वह पहले भी था। एक सामान्य धारणा से शुरू करता हूँ। आरम्भ और अन्त का थोड़ा बहुत एहसास होता है, फिर बीच के हिस्सों को ढूँढ़-ढूँढ़ कर निकालता हूँ, पर ऐसा नहीं लगता कि उनका आविष्कार किया है, न ये कि वे मेरी इच्छा-शक्ति

पर निर्भर हैं। चीज़ें जो हैं, सो हैं, पर छिपी हैं और एक कवि के रूप में मेरा काम सिर्फ़ इतना है कि उन्हें ढूँढ़ निकालूँ।"

एक जगह वह कहते हैं, "जब हम कोई अच्छी कविता पढ़ते हैं, तो हमें लगता है कि हम भी उसे लिख सकते थे; कि हमारे अन्दर ही थी वह कविता।" बोर्हेस इसे 'सौन्दर्यात्मक घटना' (ईस्थेटिक इवेंट) नाम देते हैं, जिसे परिभाषित करना ज़रूरी नहीं मानते। 'सौन्दर्यात्मक घटना' इतनी स्वयंसिद्ध और अनायास होती है कि उसे परिभाषा में रखा ही नहीं जा सकता, जैसे प्रेम या जल का स्वाद।

बोर्हेस मानते थे कि मनुष्य के रचनात्मक संकल्प का आधार उसकी चेतना है, न कि वह वस्तु-जगत, या वास्तविक परिस्थितियाँ, जिन्हें वह रचनाबद्ध करता है। चेतना, बोर्हेस के लिए, पदार्थ की गति की तरह एक दिशात्मक नहीं, चतुर्दिक या फिर चक्राकार है। वह 'है' भी, और गतिशील भी है। बोर्हेस के अनुसार, देकार्त की यह उक्ति कि "मैं सोचता हूँ, इसलिए मैं हूँ" की जगह यह कहना ज़्यादा ठीक होगा–"मैं सोच रहा हूँ, इसलिए मैं हो रहा हूँ।"

वक्तव्यों के अपने संग्रह 'सेवेन नाइट्स' में बोर्हेस ने 'बौद्ध दर्शन' की मार्मिक व्याख्या दी है–"बुद्ध के लिए संसार एक स्वप्न है। हम चाहें, तो स्वप्न देखना रोक सकते हैं, यदि उन इच्छाओं को वश में कर लें, जिनके कारण मनोविकार पैदा होते हैं और हम स्वप्न देखते हैं। ...'मैं' (अहं) सबसे बड़ी माया है।.. जैसा कि ह्यूम, शोपेनहावर, और हमारे मैसीडोनियो फर्नान्डेस का भी कहना है। 'मैं' कुछ नहीं है, केवल अनेक मानसिक अवस्थाओं का अनुक्रम है। अगर मैं कहूँ कि 'मैं सोचता हूँ', तो यह ग़लत वक्तव्य होगा, क्योंकि सबसे पहले तो मैं एक स्थिर 'मैं' को मान कर चल रहा होऊँगा, और फिर उसके द्वारा हो रहे एक कर्म यानी विचार को। यह ठीक नहीं है। जैसा कि ह्यूम ने संकेत किया है, 'मैं सोचता हूँ' न कह कर यों कहना चाहिए कि 'विचार हो रहा है'। जिस तरह हम कहते हैं कि 'पानी बरस रहा है'। जब हम यह कहते हैं कि पानी बरस रहा है, तो यह नहीं सोचते कि पानी कुछ कर रहा है, बल्कि यह कि कुछ हो रहा है। ठीक उसी तरह, जैसे हम कहते कि गर्मी हो रही, सर्दी हो रही, हमें कहना चाहिए कि विचार हो रहा, दुख हो रहा, आदि, और 'मैं' को बीच में नहीं लाना चाहिए... हमें बाहर-भीतर, कार्य-कारण, तर्क-वितर्क, वाद-विवाद के वर्गों से मुक्त हो कर रहना चाहिए...।"

बोर्हेस रहस्यवादी नहीं हैं, न ही उनकी रचनाएँ उस वर्ग में रखी जा सकती हैं। फिर भी, उनके सोचने के तानेबाने में कुछ रेशे ऐसे ज़रूर हैं, जिनके रंग हमें रहस्यवादियों की याद दिलाते हैं। रहस्य-भावना मनुष्य-स्वभाव की एक सशक्त प्रवृत्ति है। स्पानी, सूफ़ी, भारतीय रहस्यवाद के प्रभावों ने उन भाषाओं पर अपने गहरे संस्कार छोड़े हैं, जिनमें सदियों तक रहस्यवादी या आध्यात्मिक चिन्तन हुआ है। शायद इन्हीं संस्कारों की निकटता है, जिसके कारण हम आज भी बोर्हेस के साथ सहज ही एक ख़ास तरह की आत्मीयता महसूस कर पाते हैं। 'साइक्लिकल नाइट' (निशा-चक्र) में इसी मानसिकता का गहन चित्रण हुआ है। मिथक या फंतासी के प्रति भी बोर्हेस या मारकेस के लेखन में जो झुकाव है, उसके बारे में सोचते समय भी ध्यान अक्सर प्राचीन भारतीय कथा-साहित्य या आख्यानों की ओर जाता है, जिनमें यथार्थ के यथातथ्य चित्रण के बजाय यथार्थ द्वारा प्रकट होने वाली प्रवृत्तियों का लाक्षणिक या प्रतीकात्मक चित्रण मुख्य उद्देश्य रहा।

जीवन के अन्तिम दशकों में बोर्हेस की दृष्टि लगभग जाती रही थी, जिसकी मार्मिक चर्चा कई जगह उनकी कविता में भी आयी है। अंग्रेज़ समीक्षक कोहेन के अनुसार, उस दृष्टिहीनता के मुआवज़े में ही मानो बोर्हेस बाह्य यथार्थ को विचारों की अन्तर्दृष्टि में बदल लेते हैं। तमाम चीज़ों

को मानो वे अपनी बाहरी के बजाय भीतरी दृष्टि से देखने लगे हों। अनेक कविताएँ वे बोल कर लिखवाते थे (मिल्टन की तरह), जिन्हें दुबारा सुनने पर वे उनमें अनेक परिवर्तन करते रहते थे। वैसे भी, छपी कविताओं तक में परिवर्तन करते रहना उनके लिए सामान्य बात थी। 1922-1943 के बीच की कविताएँ एक साथ 'पोयमास' संकलन में छपीं जिसमें उनके पिछले तीन संग्रहों के अलावा कुछ नयी कविताएँ और कुछ परिवर्तित कविताएँ शामिल थीं। फिर 1923-1966 के बीच की कविताओं को समाहित किये 'ओब्रा पोएतीका' (समग्र कविताएँ) नाम से जो दूसरा संस्करण आया, उसमें कई परिवर्तन कर दिये गये थे। इसी के आधार पर बोर्हेस की चुनी हुई कविताओं का संग्रह अंग्रेज़ी में जोवन्नी (अनुवादक) ने 1972 में न्यूयॉर्क से प्रकाशित करवाया था। बाद में, ब्यूनस आइरेस में 'ओब्रास कोम्प्लीतास' (सम्पूर्ण रचनावली) का जो नया संस्करण 1979 में छपा, उसमें भी बोर्हेस ने फिर कई परिवर्तन किये। बोर्हेस की रचना प्रक्रिया का यह भी एक दिलचस्प पहलू है कि कविता के विभिन्न प्रकाशित पाठों में भी परिवर्तन करने के मामले में वे खुली छूट लेते रहे।

छठा दशक उनकी सर्वश्रेष्ठ कविताओं का दशक माना जा सकता है। स्वयं बोर्हेस का भी ऐसा ही विचार था। उल्लेखनीय है कि टेक्सास विश्वविद्यालय में आने के कुछ ही महीनों पूर्व बोर्हेस ने अपनी चुनी हुई कविताओं का जो संकलन तैयार किया था, उसमें उसके पिछले आठ संग्रहों से कविताएँ ली गयी थीं और इस एक छोटे से संकलन को ही वे अपनी काव्य-प्रतिभा के आकलन का सम्पूर्ण आधार मानना चाहते थे। अपनी कविताओं को चुनने के मामले में उनका यह संकोच हमें बरबस ग़ालिब की याद दिलाता है। इस संकोच के पीछे कहीं एक अत्यन्त संवेदनशील और सतर्क कवि के अपने असमंजस और दुविधाएँ हैं। बोर्हेस ने कम नहीं लिखा है : बहुत कम शब्दों में लिखा है। कभी-कभी आश्चर्य होता है कि इतने कम शब्दों में इतना अधिक भी कहा जा सकता है! दृष्टि की लाचारी के कारण बोर्हेस का अनुभवजगत बहुत विस्तृत नहीं, लेकिन बहुत गझिन और गहरा है। विचार और कल्पना के मौलिक संयोग द्वारा उन्होंने गम्भीर चिन्तन में भी विचित्र-कथाओं की सी रोमांचकता और सांकेतिकता पैदा की है, और साहित्य में बिल्कुल अपने ढंग की एक सशक्त पहचान बनाई है।

(नोट : लेख व कविताएँ 'तनाव' पुस्तिका में प्रकाशित हुई हैं।)

निशा-चक्र

(सिलविना बुलिच को)

पाइथागोरस के परिश्रमी शिष्य जानते थे यह संयोग
कि नक्षत्र हों या मनुष्य उनकी नियति है पुनरावृत्ति
इन्हीं अस्थिर तत्त्वों से होते रहेंगे बार-बार निर्मित
वही प्रेम की देवी अफ़्रोदीत, ये बाज़ार हाट, थीब्स के लोग

किन्नरों के कठोर खुर रौंदेंगे लपीथिअल का वक्ष
भविष्य में भी। धूल हो चुका होगा रोम का प्रताप।
अन्तहीन रातों में नरवृषभ के दारुण विलाप
से गूँजेंगे इन महलों के सूने सीलन भरे कक्ष

उन्हीं बेचैन अँधेरों को लौटना है—उसी तरह, वैसा ही—
यह सब लिखते हुए इस हाथ को पुनः जन्म पाना है
उसी गर्भ से। विकराल फ़ौजों को फिर क़हर ढाना है
(एडिनबर्ग के ह्यूम ने ही कहा था कुछ ऐसा)

न जाने कौन-सा भाग्यचक्र फिर यहाँ ले आये अकस्मात मुझे
जैसे जोड़ बाक़ी में वही अंक बार-बार आते हैं घूम फिर कर
निश्चय ही पाइथागोरस वाला वही अजीबोग़रीब चक्कर
इस दुनिया में छोड़ जाया करता है हर रात मुझे

दुनिया के बाहर कहीं। दूर जहाँ वीरान-सी एक गली
उत्तर या दक्षिण या पूरब में कहीं : वहीं एक दीवार
हमेशा हमेशा आसमानी रंग की : एक छायादार
अंजीर का पेड़ : और उससे लगी एक पगडण्डी कंकरीली।

यही है ब्यूनस आइरेस। समय ने बहुत कुछ दिया बहुतों को
—प्रेम, धन दौलत—पर मेरे हिस्से में हर बार आया

केवल यह एक गुलाब ही मुरझाया,
सूनी सड़कों का बवाल, दुहराता पुराने नामों को–

मेरे रक्त में लाप्रीदा, कैब्रेरा, सोलेर, सुआरेज़ जैसे नाम
जिनमें ऐसा लगता है मानो गूँजते हों फ़ौजी बिगुल
सुबह-सुबह प्रजातन्त्रों और अश्वारोहियों के शोरगुल
जयघोष करते लड़ते भिड़ते योद्धाओं के कुहराम।

इन उपेक्षित चौराहों पर उतरते हुए बोझिल अँधियारे
प्रांगण-से लगते हैं किसी वीरान महल के वास्ते
और जगह में जगह बनाते चले जाते ये एकरुख़े रास्ते
मानो नींद और अज्ञात भयों के अन्धे गलियारे

फिर लौटता अनक्सागोरस का खोखला अँधेरा भविष्य
मेरे हाड़ मांस में एक अनन्त आवागमन है व्याप्त,
स्मृति में एक योजना, एक अन्तहीन कविता की शुरुआत...
'जानते थे इस रहस्य को पाइथागोरस के परिश्रमी शिष्य'...

(नोट : इस हिन्दी अनुवाद की तुक-योजना मूल स्पानी कविता के अनुसार है।)

छाया की बड़ाई में[1]

बुढ़ापा। यह नाम दूसरे देते हैं इसे,
हमारे लिए एक ख़ुशी का समय भी हो सकता है।
पशु मर चुका होता है या मरने वाला होता है।
आदमी और उसकी आत्मा बचते हैं।
अस्पष्ट और चमकीली आकृतियों के बीच
जो अभी पूरी तरह अँधेरे में तब्दील नहीं हुईं, मैं डोलता हूँ।
ब्यूनस आइरेस,
कभी जो तमाम उपनगरों में दूर तक फैला बिखरा था
और जिसके सामने मैदान ही मैदान था
अब रेकोलीता की क़ब्रगाह, रेतीरो का चौक,
ग्यारहवें प्रदेश की तंग गन्दी सड़कें, तथा वे
गिरैल पुराने मकान हैं जिन सबको हम अब भी 'दक्षिण' ही कहते हैं।

मेरी ज़िन्दगी हमेशा ही चीज़ों से ठसाठस भरी रही;
कहते हैं कि ऐबडेरा के डेमाक्रिटस ने अपनी आँखें नोच डाली थीं ताकि वह सोच सके;
समय मेरा डेमाक्रिटस है।
यह आहिस्ता उतरता अँधेरा, इसमें दर्द नहीं;
एक हल्की ढलान पर प्रवाहित
जैसे अनन्तता।

मेरे मित्रों के चेहरे मिट गये,
स्त्रियाँ वैसी ही हैं जैसी वर्षों से थीं,
सड़क का यह कोना वह कोना सब एक,
किताबों के पृष्ठों पर कुछ नहीं लिखा है।
इस सबसे मुझे घबराना चाहिए,
लेकिन कितना मधुर है यह सब, यों लौटना।
पीढ़ी दर पीढ़ी कितने पाठ थे पढ़ने को पृथ्वी पर
कुछ को ही पढ़ सका।

1. इस अनुवाद में यह कविता अपूर्ण है। अनुवादक ने जिस स्रोत से लिया है, वहाँ भी इसी रूप में है। बोर्हेस अपनी कविताओं में जोड़-घटाव करते रहते थे।

खोये हुए की प्राप्ति

मुझे मालूम है कि इतना कुछ गँवा चुका हूँ कि चाहूँ भी तो उसे गिना नहीं जा सकता
और अब वह खोया हुआ सब ही
मेरा सब कुछ है।
जानता हूँ कि पीला रंग खो चुका हूँ और काला भी
सोचता हूँ उन अप्राप्य रंगों को
एक ख़ास तरह जिस तरह वे कभी नहीं सोच सकते जो नेत्रहीन नहीं।
मेरे पिता अब नहीं रहे फिर भी हमेशा पास रहते हैं।
स्विनबर्न की कविताओं का छन्द-विन्यास करते समय
लोग कहते कि मेरी आवाज़ पिता की आवाज़ से मिलने लगती।
जो मर चुके हैं सिर्फ़ वही हमारे अपने होते हैं
सिर्फ़ वही चीज़ें होती हैं हमारी अपनी जिन्हें हम खो चुके होते हैं
इलियम नहीं है लेकिन इलियम ज़िन्दा है होमर की कविताओं में।
इज़राइल तभी इज़राइल हो सका जब वह अतीत की एक कसक भरी याद बन सका।
हर कविता, कालान्तर में, एक शोकगीत हो जाती।
स्त्रियाँ जो हमें छोड़ कर चली गयीं हमारी हो गयीं
हमारी तरह मुक्त अब तमाम ग़लतफ़हमियों से
तड़पनों से, आशा की अशान्ति और उत्कण्ठा से।
खोये हुए स्वर्गों के अलावा और कोई स्वर्ग नहीं।

एक अन्धा आदमी

पता नहीं किसका चेहरा देख रहा मेरी तरफ़
आईने में जब मैं देखता एक चेहरा, पता नहीं यह भी
कि कौन है वह बुज़ुर्ग शीशे की चमक में
रहस्यमय, थका और भीतर से बेहद उद्विग्न।
छाया में धीरे से मेरे हाथ टटोलते
मेरी अदृश्य आकृति को। छिटक कर एक किरण
मुझ तक पहुँचती। तुम्हारे बालों में एक रंग श्वेत भी
और देखो सुनहला भी। मैंने अधिक नहीं खोया
खोई सिर्फ़ चीज़ों की ऊपरी चमक दमक भर।
बहुत माने रखता है यह गहरा अहसास :
राहत जिसे मिल्टन ने जाना था। मैं सहारा लेता हूँ
शब्दों का और गुलाबों का—मेरा आश्चर्यलोक।
सोचता हूँ देख सकता अगर अपना चेहरा तो फ़ौरन
जान जाता कि कौन हूँ मैं इस अद्भुत अपराह्न में।

एक शनिवार

एक नेत्रहीन मनुष्य एक ख़ाली घर में
उन्हीं उन्हीं रास्तों पर चलता
लम्बी होती जाती दीवारों के सहारे
और भीतर के दरवाज़ों के शीशों
और किताबों की खुरदुरी पुश्तों को टटोलता
चाह कर भी उनके प्रेम से वंचित,
और काले पड़ गये चाँदी के बरतन, परिवार की धरोहर,
नल की घिसीपिटी टोंटी
कुछ सिक्के, चाभी।
वह अकेला है और आईने में भी कोई नहीं है
न आता न जाता। उसके हाथ रगड़ जाते
किताबों की शेल्फ़ से। अनायास
वह अपने अकेले बिस्तर पर लेटते हुए सोचता
कि वह सब जो वह कर रहा
लगातार सायंकाल में एक ऐसा खेल है
जिसे वह नहीं समझता। कोई दैवी शक्ति
उससे वह सब करवा रही।
ऊँची आवाज़ में वह दुहराता
किसी महाकाव्य के अंश
विभिन्न क्रियाओं और उक्तियों के जोड़तोड़ बैठाता
और जैसी तैसी अपनी एक कविता लिख डालता।

मेरी किताबें

मेरी किताबें। जो नहीं जानतीं कि मैं हूँ भी।
उतना ही मेरा हिस्सा हैं जितना मेरा चेहरा,
कानों के आसपास सफ़ेद होते बाल, भूरी आँखें,
आईने में दिखाई तक नहीं पड़ता वह चेहरा
जिसे हाथों की गोलाई से टटोल रहा हूँ।
इस कटु सत्य को ग्रहण कर रहा कि असली शब्द
जो मुझे व्यक्त कर पा रहे, उन्हीं पृष्ठों में हैं
जो मुझे नहीं जानते, उनमें नहीं जिन्हें मैंने लिखा है।
ठीक ही है। दिवंगत आत्माओं के साथ
यह निरन्तर वार्तालाप।

आत्महत्या

यह रात आज तारों से बिल्कुल ख़ाली हो जायेगी।
रात भी नहीं बचेगी।
मेरे न रहते ही मेरे साथ चला जायेगा
सृष्टि का यह असह्य बोझ।
मिटा जाऊँगा ये पिरामिड, ये तमग़े,
ये महाद्वीप और ये चेहरे।
यह ढेर का ढेर इकट्ठा अतीत ढहा जाऊँगा।
मुट्ठी भर धूल में बदल दूँगा इतिहास को।
और अब यह अन्तिम सूर्यास्त है मेरा।
अन्तिम पक्षी को सुन रहा हूँ बोलते।
मेरे बाद मेरी धरोहर एक शून्य जो किसी के लिए नहीं।

फ़ेहरिस्त

वहाँ तक पहुँचने के लिए सीढ़ी चाहिए। ज़ीना नहीं है।
दोछत्ती में ढूँढ़ें तो क्या मिलेगा
सिवाय कबाड़ के ढेर के?
सीलन की गन्ध है।
देर तीसरे पहर का धुले कपड़ों-सा प्रवेश।
सिर छूती धन्नियाँ, फ़र्श ख़स्ताहाल।
पाँव रखते डर लगता।
समेट कर रखा जाने वाला एक टूटा खटोला।
कुछ बेकार-से औज़ार,
किसी दिवंगत की पहियेदार कुर्सी।
एक लैम्प का पेंदा।
एक जालदार झूला, पराग्वे वाला, जिसकी धज्जियाँ उड़ चुकीं।
तमाम काग़ज़ात और न जाने क्या क्या।
एक उभारदार तस्वीर अपरीचियो सरविया के स्टाफ़ की।
कोयलों वाली एक पुरानी इस्त्री।
एक पुरानी दीवारघड़ी, न जाने कब से बन्द, टूटे पेण्डुलम वाली।
एक बदरंग जड़ाऊ फ्रेम, तस्वीर नदारद।
शतरंज का एक दफ़्तीवाला बोर्ड, कुछ फुट्टल मोहरे।
एक लँगड़ी अँगीठी।
एक चमड़े का सन्दूक।
फाक्स लिखित 'शहीदों की गाथा' की एक भुस प्रति,
सजावटी अक्षरों वाली।
एक फ़ोटो न जाने किसकी।
चीते की खाल, सब बिल्कुल बेहाल।
एक चाभी जिसका ताला लापता।

दोछत्ती में खोजने से मिल भी क्या सकता है
सिवाय काठ-कबाड़ के?
जो सब भूला जा चुका, उसे भूलने के प्रति मैंने अभी-अभी तैयार किया है
यह स्मारक
(निस्सन्देह काँसे की मूर्ति से ज़्यादा पुख़्ता तो नहीं) पर क्या हुआ
उसे भी तो यहीं आना है एक दिन।

ब्रूननबढ़, 937 ईस्वी[1]

कोई नहीं है तुम्हारे बग़ल में।
पिछली रात लड़ाई में मैंने एक आदमी को मार डाला है।
अनलाफ़ के वंश से था वह, फुर्तीला और लम्बा-तगड़ा।
तलवार एकदम उसके सीने में उतर गयी थी, थोड़ा बायीं तरफ़ से।
ज़मीन पर गिर कर वह एक बार ऐंठा और ढेर हो गया,
कौव्वों का भोजन।
उसकी बीवी को नहीं जानता, कर रही होगी उसकी प्रतीक्षा कहीं—
करती रहेगी। जहाज़ उसे छोड़ कर चले गये
मटमैली लहरों को चीरते हुए।
किसी दिन बहुत सुबह, मुँह अँधेरे, तुम्हारा हाथ
एक स्वप्न से बाहर निकल कर उसका स्पर्श चाहेगा।
कितना ठण्डा है बिस्तर तुम्हारा।
पिछली रात ब्रूननबढ़ में मैंने एक आदमी को मार डाला है।

---

1. इंग्लैंड के इतिहास में ब्रूननबढ़ के युद्ध का विशेष महत्त्व है, जो कि 937 ईस्वी में हुआ था। इसमें इंग्लैंड विजयी रहा था।

बिल्ला

आईने में भी नहीं होती ऐसी गहन चुप्पी
न सुबह के इतने दबे पाँव आने में;
तुम, चाँदनी में, उस तेंदुए का स्वरूप हो
जिसे हम केवल दूर से ही बूझते हैं।
ईश्वर ही जाने तुम्हारे अन्दर के
उस गुमसुम रहस्य को जिसे हम टटोलते;
गंगा नदी या सूर्यास्त से भी अधिक अभेद्य
तुम्हारा एकान्त, तुम्हारा मर्म।
तुम्हारी पीठ प्यार से सहलाने देती है
मेरे हाथों को। यह तुम्हारी उदारता है
कि मनुष्य के ख़ुशामदी हाथों से प्यार लेने में
तुम्हें परहेज़ नहीं।
तुम अन्य समय में जीते हो, अपने साम्राज्य के सम्राट—
तुम्हारी अपनी दुनिया बन्द और अलग जैसे एक स्वप्न।

छुरा

मेज़ की दराज़ में एक छुरा पड़ा है।

सौ साल पहले तोलीदो में बना था, लुइस मेलीअन लफ़ीनर ने
ऊरूग्वे से ला कर इसे पिताजी को दिया था। कहते हैं
कभी यह अवरीस्तों कर्रीगों के हाथों में भी रह चुका है।

देखते ही उसे उठा लेने को जी चाहता है, किसी अपनी चीज़ की तरह
जिसकी बहुत दिनों से तलाश हो, लपक कर
हाथ मूठ पर जम जाते हैं, और ज़बरदस्त धार हुक्म के मुताबिक़
म्यान के अन्दर-बाहर खटाखट सरकती है।

लेकिन छुरा कुछ और चाहता है

वह लोहे का केवल ढाँचा नहीं; एक ख़ास इरादा है, सोच समझ कर
गढ़ा गया। जिस छुरे से कल रात एक आदमी तकुआरेंबोये में
मारा गया और जो छुरे सीज़र पर बरसे थे उन सबकी ज़ात
एक ही है। छुरा ख़ूनी होता है, झपट कर ख़ून करना चाहता है

मेरी मेज़ की दराज़ में तमाम काग़ज़ों और चिट्ठियों के बीच पड़े-पड़े
वह एक स्वप्न देखता है, किसी चीते का सीधा सादा स्वप्न
छूते ही जाग पड़ती है उसके धातु में छिपी हिंसा, या शायद
उन हाथों में छिपी जिनके लिए वह बनाया गया था।

कभी-कभी उस पर दया आती है ऐसी ताक़त और एकाग्रता, इतनी
शानदार उसकी चुस्ती या सरलता,
और सालहा ये बेचारा ऐसे ही पड़ा रहता है।

कोई

एक आदमी जिसे समय ने पस्त कर दिया है,
एक आदमी जिसके लिए मौत भी पाना मुश्किल–
(मृत्यु भी तो एक तरह का हिसाब है
हर एक के लिए एक ख़तरा
कि कहीं वही वह पहला आदमी न हो जो न मरे)
जिसे यदि दिन भर में भीख भी मिल जाये किसी तरह
तो अपने को धन्य समझता है :
सोना, जागना, पानी पीना,
कोई भूला बिसरा शब्द,
किसी प्राचीन कविता की पंक्तियाँ,
किसी स्त्री की याद जो तीस साल पहले उसे छोड़ कर चली गयी थी
लेकिन जिसके लिए अब उसके मन में कोई कटुता न बची हो,
एक आदमी जो महसूस कर रहा हो कि वर्तमान
भविष्य भी है और भूलना भी,
एक आदमी जिसने धोखा दिया भी हो
और धोखा खाया भी हो,
कभी कभी अनायास ही, सड़क पार करते
एक अजीब तरह की ख़ुशी अनुभव कर सकता है
ख़ुशी जो आशा की तरफ़ से नहीं आती
बल्कि उसके अन्दर से, किसी बुनियादी सरलता से,
किसी ईश्वर जैसी चीज़ से आती है।

उसे ठीक से न समझना ही ठीक है, इतना वह
ठीक से समझता है, कई ऐसे कारण हैं
बाघ से भी ज़्यादा ख़तरनाक, जो साबित कर देंगे

कि फटेहाल रहना ही उसका कर्तव्य है,
डरते-डरते वह ज़रा-सी ख़ुशी,
ज़रा-से उजाले, को ग्रहण कर लेता है।

शायद मरने पर जब धूल
धूल ही होगी, हम ख़ुद समा जायेंगे इन्हीं पेचीदा जड़ों में

जिस से हमेशा उगते रहेंगे
शान्त या वीभत्स
हमारे अपने स्वर्ग-नर्क।

दूसरा वाला बाघ

'और शिल्प से बनती है एकरूपता'
—मॉरिस, सिगर्ड द वोल्संग (1976)

एक बाघ ध्यान में आता है। सन्ध्या ने
इस विशाल और व्यस्त पुस्तकालय को एक बार
उजागर कर किताबों को वापस अँधेरे में
सजा कर रख दिया है;
वह वहाँ घूम रहा है अज्ञात नदी नालों के किनारे की गीली मिट्टी पर
अपने पंजों के निशान छोड़ता हुआ
निष्कपट, निष्ठुर, ख़ून में सना, फुर्तीला,
उसका जंगल है और उसका दिन
किस जगह है वह? उसे उनके नाम नहीं मालूम।
(उसकी दुनिया में नाम नहीं होते, न अतीत
न भविष्य, केवल एक चटख वर्तमान होता है)
लम्बे बियाबानों को पार करता हुआ वह
अपना रास्ता बनाता है, सूँघता है
गन्धों की उलझी हुई भूलभुलैया में एक जानी पहचानी गन्ध
सुबह की ताज़ा हवा में निर्द्वन्द्व चरते हिरन की गन्ध उसे पागल बना देती है,
बाँसों के झुरमुट की
चितकबरी छाया में लुकीछिपी एक चिकनी बलिष्ठ देह
पट्टीदार खाल के भीतर फड़कती है।
सारी दुनिया के खाई खन्दक, सागर महासागर भी—
हमें दूर नहीं रख पाते : यहाँ से, उत्तरी अमेरिका से,
मैं एक घर में बैठे-बैठे अपने सपनों में
उस बाघ की टोह में घूम रहा हूँ, गंगा के कछारों पर

सोचता हूँ अब, मेरे प्राणों में समाती हुई यह शाम
और वह, मेरी कविता वाला बाघ,—वह केवल एक छाया है,
प्रतीकों से बना हुआ, किताबों से चुन कर यूँ ही उठा लिए गये
वर्णनों वाला बाघ, लक्षणों का संग्रह—उसमें जान नहीं।

कहाँ तो वह भावी प्रबल बाघ बंगाल या सुमात्रा में पायी जाने वाली
किसी घातक मणि-सा जिसके साथ
ग्रहों का शुभाशुभ ऐसा योग जुड़ा होता कि हमेशा
कुछ न कुछ घटते रहना ज़रूरी—प्यार, ऐश्वर्य, मृत्यु...
कहाँ यह मेरा प्रतीकात्मक बाघ
जिसके विरुद्ध रखता हूँ उस असली बाघ को
जिसका ख़ून खौलता है जब वह जंगली भैंसों के झुंड पर टूट पड़ता है
और उन्हें चीर डालता है—वह जिसकी छाया घास पर पड़ रही है आज
तीन अगस्त 1959 के दिन।
लेकिन उसे नाम देते ही, उसके संसार को सीमित करते ही
वह झूठा पड़ जाता है ज़िन्दा जानवर नहीं रहता,
धरती के अज्ञात जंगलों में लापरवाह घूमने वाला बाघ नहीं रहता।

क्यों न एक तीसरे बाघ को खोजा जाये। लेकिन वह भी
दूसरों की ही तरह मेरे सपनों की एक रचना होगा,
शब्दों का ढाँचा—जीता जागता बाघ नहीं
जो बिना किसी कथा-कहानी की परवाह किये
पृथ्वी पर स्वच्छन्द टहलता हो
जानता हूँ, ख़ूब अच्छी तरह जानता हूँ, फिर भी
अपने को रोक नहीं पाता, बार-बार
निकल पड़ता हूँ उसी बेसिर-पैर की पुरानी खोज में
और घण्टों भटकता रहता हूँ
उस दूसरे वाले बाघ के चक्कर में जो इस कविता वाला बाघ न हो।

हेंगिस्त साइनिंग[1]

बादशाह की स्मृति-शिला पर

इस शिला के नीचे दफ़न है हेंगिस्त का शरीर
जिसने इन द्वीपों पर पहला राज्य स्थापित किया था—
ओदिन का राजवंश—
और ठूँस ली थी अपने अन्दर चिचियाते बाज़ की हवस

बक़ौल बादशाह के

जो चाहे ये लोग पत्थर पर खोद दें
लेकिन मैं तो यही कहूँगा कि—
आकाश साक्षी है, मैंने, हेंगिस्त ने अपने को बेचा
अपना शौर्य, अपना साहस बेचा, बादशाही ख़रीदारों के हाथ, जिन के
देश इस समुद्र तट के पश्चिम में स्थित :
'स्पीअर-वारिअर' नाम से प्रसिद्ध थे :
लेकिन एक आदमी की शक्ति और उसका साहस
आख़िर कब तक बिकता ही रहता, और इसीलिए
सारे उत्तरी भाग की लूटपाट करते,
बादशाह के दुश्मनों को नेस्तनाबूद करते
थोड़ा यश और ऐश्वर्य मैंने भी कमा लिया। यह राज्य
जिसे मैंने अपनी तलवार के बल पर जीता
मुझे पसन्द है। यहाँ नदियाँ हैं—जाल डालने के लिए—
नावें चलाने के लिए—धूप में जगमगाती ऋतुएँ हैं,
खेती लायक ज़मीन, चरागाह, खेतों में काम करने के लिए
अंग्रेज़ी मज़दूर—और, हाँ पत्थरों के बने विशाल नगर

1. पाँचवीं सदी का एंग्लो-सैक्सन योद्धा, जिसने कई युद्ध लड़े और केंट साम्राज्य की स्थापना की। आधुनिक इंग्लैंड उसी साम्राज्य की सीमा में है।

जिन्हें हम ढह जाने देंगे क्योंकि उनमें
मृतकों के भूत बसते हैं।
लेकिन मैं जानता हूँ कि मेरी पीठ पीछे
ये अंग्रेज़ मुझे गद्दार कहेंगे,
कहें, इनके कहने से क्या होता है,
मैंने तो वही किया जो मेरे हौसले और हिम्मत को देखते हुए
मेरे भविष्य के अनुकूल था।
और किसी की हिम्मत न थी कि मेरे साथ दग़ा करता।

आँगन

दोपहर ढलते ढलते
आँगन के बचे-खुचे रंग भी फ़ीके पड़ चले।
पूरे निकले चाँद की आत्मीयता भी
वातावरण की उदासी दूर नहीं कर पाती।
आज आकाश कुछ अधिक उत्तेजित है
जैसे किसी देवता की अकाल मृत्यु की पत्री विचार रहा हो।
आँगन ने आसमान के गुम्बद से कुछ कहा।
आँगन झरोखा है जहाँ से ईश्वर
आत्माओं पर दृष्टि रखता है
आँगन के इसी ढलान से तो फिसल कर
स्वर्ग हमारे घरों में बिखर जाता है
अनन्त प्रतीक्षा है वहाँ
शान्त तारापथों पर।
कितना सुन्दर है, यहाँ इस तरह सरलता से रहना
इन खपरैलों, कुएँ, घर-द्वार के साथ घनिष्ठ होकर।

कैमडेन, 1892

कॉफ़ी और अख़बार की मिलीजुली महक।
इतवार और उसकी बोरियत, सवेरे-सवेरे,
किसी कविभाई ने मगन हो कर रँगा है एक कॉलम
ठेठ लच्छेदार तुकबन्दी से। एक बूढ़ा बेचारा
पड़ा है अपने साफ़-सुथरे मामूली-से कमरे में निढाल,
चेहरे पर पीलापन, या शायद कोई रंग नहीं,
धुँधले दर्पण में यूँ ही देखता है अपने चेहरे को
मैं ही तो हूँ यह, इसमें ताज्जुब कैसा
एक काँपता हाथ, उलझी दाढ़ी, पोपले मुँह पर,
फेरते हुए बोल उठता है : अन्त अब दूर नहीं।
लगभग मर चुका हूँ। लेकिन मेरी कविताएँ
हलकोरती हैं जीवन और उसका वैभव—
मैं था वाल्ट व्हिटमैन।

पाब्लो नेरुदा
Pablo Neruda

1904–1973
चिली

आज की रात लिखूँ

आज की रात बहुत उदास कोई गीत लिखूँ।

कि जैसे, 'रात चूर चूर हो के बिखरी है
दूर नीलाभ सितारे गगन में काँप रहे।'

उमड़-घुमड़ के हवा गा रही अँधेरे में।

आज की रात बहुत उदास कोई गीत लिखूँ।
मैंने चाहा था उसे, शायद उसने भी मुझे।

ऐसी कितनी रातें उसको बाँहों में भरे मैंने गुज़ारी होंगी।
कितनी ही बार उसे चूमते हुए इसी असीम तले।

उसने चाहा था मुझे, शायद मैंने भी उसे।
आह उसकी वे गम्भीर अचंचल आँखें।

आज की रात बहुत उदास कोई गीत लिखूँ।
सोचता हूँ वो मेरे पास नहीं। और हमेशा के लिए पास नहीं।

रात की गूँजती गहराइयाँ, उसके बिना और गहरी लगतीं।
पंक्तियाँ इस तरह गिरतीं मन पर, ओस-कण दूब पर गिरते जैसे।

बन सकी वह न मेरे प्यार की तो यूँ ही सही।
रात है चूर चूर, औ' वो मेरे साथ नहीं।

बस, यही इतना तो। दूर कोई गाता है, दूर वहाँ।
खो दिया है उसे, पर क्यों नहीं मन मान रहा।

ढूँढ़ती फिर रहीं आँखें कि उसे पा जायें।
दिल भटकता है मगर अब वो मेरे पास नहीं।

रात अब भी है वही, पेड़ उजले-उजले
लेकिन उस वक़्त जो हम थे वो अब इस वक़्त नहीं।

माना अब प्यार के वे दिन न रहे—थे तो कभी :
मेरी कोशिश है कहूँ बात हवा से, वो सुने।

ग़ैर की। हाँ वो अब ग़ैर की है। तब भी थी जब कि उसे चूमा था।
उसकी आवाज़, उसका साफ़ बदन। उसकी आँखों का गहन।

अब उसे प्यार नहीं करता हूँ, सच है शायद, लेकिन, फिर भी...
प्यार कुछ रोज़ मगर भूलते एक उम्र गुज़र जाती है।

ऐसी रातों में वो अकसर मेरी बाँहों में हुआ करती थी,
खो चुका हूँ उसे—मन अब भी नहीं मान रहा।

इस तरह दिल को दुखाता रहूँ—अब और नहीं।
इस तरह गीत बनाता रहूँ उसके लिए—अब और नहीं।

अत्तिला योज़ेफ़

Attila József

1905–1937

हंगरी

सुन्दरता पर ध्यान था

सुन्दरता, मधुरता, पर ध्यान था : मैं
सोच रहा था एक गुलाब।
कि यथार्थ, एक खड़बड़ाते पत्थर की तरह
भहरा पड़ा मेरे सिर पर।

लेकिन पत्थर भी तो एक बिम्ब ही है आख़िर।
और कहें भी क्या,
रोज़ पिसते हुए
यही सीखा है।

मेरे ख़याल बिल्कुल ठीक रास्ते पर थे।
उस आदमी के घर में घुसते ही, सब गरजे
जैसे लहरें, 'लो आ गया वह
बिजली का कनेक्शन काटने।'

सामने ही मेज़ पर चाकू पड़ा था।
[जिससे मैं पेंसिल छील रहा था।]
तबियत हुई भोंक दूँ उसके
छुट्टी तो मिले इन सब झंझटों से।

आजिज़ था : छा जाये मेरे चारों तरफ़
अँधेरा और उदासी।
जानवर भी अपनी माँदों के लिए लड़ते हैं,
लेकिन हमारी तो लड़ाई ही अजीब है।

हिंसा का मतलब होता कमज़ोरी।
मैं ही हारता, मैं क्या हारता

मेरी शराफ़त हारती। क़ायदे क़ानून
सब पैसों का खेल है;

लड़ाई के सारे तौर तरीक़े अब बदल गये हैं।
हमारे सूरमा अब बन्दूकें नहीं छूते।
वे रुपयों के नोट फेंकते बमों की तरह
जो रेजगारियों की किरचों में फूटते हैं।

यही सब सोच कर मैंने कहा, आइये,
और करवट बदल कर सो गया।
आँख खुली तो देखा रोशनी थी
पूरा चाँद चमक रहा था और तारे मुस्करा रहे थे।

गुंटर आइख़
Günter Eich

1907–1972
जर्मनी

जहाँ मैं रहता हूँ

खिड़की खोलते ही
वे सब कमरे में तैर आयीं,
हेरिंग मछलियाँ। जैसे चिंगारियाँ ही चिंगारियाँ।
वहाँ सामने नाशपाती के पेड़ पर भी उन्हीं की उछल-कूद।
लेकिन बहुत-सी अभी
जंगल में ही हैं, पेड़ों और कंकरीले गड्ढों के उस तरफ़।

एक मुसीबत हैं ये। लेकिन इनसे बढ़कर मुसीबत हैं
ये जहाज़वाले कोई छोटे, कोई बड़े, कोई उनसे भी बड़े।
खिड़की खुली नहीं कि मौजूद हैं
अपनी दुकड़ही तम्बाकू के लिए—'माचिस है?... ज़रा माचिस...'

कहीं और चल कर रहा जाय।

(अनुवाद : कुँवर नारायण और कमलेश)

यानिस रित्सोज़
Yannis Ritsos

1909–1990

यूनान

तलाशी

अन्दर आइये—वह बोला। कोई दिक़्क़त नहीं।
जो चाहिए अच्छी तरह देखिये
कुछ छिपा नहीं है यहाँ। यह रहा मेरे सोने का कमरा; यह पढ़ने का,
यहाँ खाता हूँ, यह? कबाड़ख़ाना
क्या नहीं कबाड़ हो जाता जल्दी ही, जनाब : बिल्कुल भरा है,
सब चीज़ें घिसपिट जाती हैं देखते देखते। और यह? अंगुश्ताना[1] है माँ का :
यह? उसका लैम्प, उसका छाता—वह मुझे बहुत प्यार करती थी।
मगर यह क्या—किसी की पहचान का जाली कार्ड? ये पराये गहने?
गन्दा तौलिया? थियेटर के टिकट? फटी कमीज़? ख़ून के निशान?
और यह तस्वीर? ओह, उसकी फूलदार जनानी हैट में,
उसके हाथ का लिखा पर्चा किसी अजनबी के नाम,
ये सब जाली राबूत यहाँ कौन रख गया?
यह किसकी करतूत है? किसकी करतूत है यह सब...यहाँ...?

1. सिलाई करते समय अपनी अँगुली को सूई से बचाने के लिए लगाया गया आवरण या टोपी।

अन्ना स्विरज़िन्स्का
Anna Świrszczyńska

1909–1984
पोलैण्ड

सुबह जब हम सो कर उठते

कितना अच्छा है कि वह हुआ
कितना अच्छा है कि वह ख़त्म हुआ
धन्यवाद प्रियतम
इन दोनों सुखों के लिए

अब मेरा शरीर हल्का और आत्मा स्वच्छ है
वासना धुल पुँछ चुकी
अब एक तीव्र इच्छा है
—जैसे दमे के रोगी को ताज़ा हवा के लिए होती है—
किसी मुश्किल काम को हाथ में लूँ
मेहनत वाले किसी पुरुषार्थी काम में लग जाऊँ

दिमाग़ काम करना चाहता है और हाथ भी
काम के लिए बनी हूँ,
मज़े के लिए नहीं।
हट्टी कट्टी हूँ। बोझा ढो सकती हूँ
मज़बूत लोगों की तरह

सबसे बड़ा प्रेम-प्रसंग

साठ की है वह। अपने जीवन का
सबसे बड़ा प्यार जाना है उसने।

अपने प्रेमी के साथ घूम रही हाथ में हाथ डाले,
हवा ने बिखेर दिये हैं उनके श्वेत केश।
उसका प्रेमी कहता :
'एक एक मोती की तरह हैं तुम्हारे एक एक बाल।'
उसके बच्चे कहते :
'दीवानी बुढ़िया।'

प्रथम प्रणय-गान

पवित्र थी प्रणय की वह रात
जैसे एक अनछुआ प्राचीन वाद्य
और उसका वायुमण्डल

उत्सवी थी वह
जैसे कोई राज्याभिषेक।
दैहिक, जैसे प्रसव की पीड़ा,
और आत्मिक, जैसे एक संख्या

जीवन का एक क्षणमात्र
किन्तु पूरे जीवन का सार बन जाने को इच्छुक,
मरते हुए
दुनिया का मूलाधार
जानने को आतुर

प्रणय की वह रात
महत्त्वाकांक्षी थी

गैविन एवार्ट

Gavin Ewart

1916–1995

इंग्लैण्ड

आत्मज्ञान

इतना ताज्जुब क्यों होता है यह जान कर
कि कुछ लोग हैं जो तुम्हें पसन्द नहीं करते,
यह पता चलते कि किसी ने तुम्हारे लिए
कोई अपशब्द कहा (जैसे छिः या कुतिया)?
ज़रूर उनका जंगलीपन है यह तुम पर झपटना बाज़ की तरह
जब कि तुम समझते रहे कि तुम कितने भले हो!

हो सकता है वे बिल्कुल ग़लत हों;
सिर्फ़ इसलिए तुमसे नफ़रत करते हों
क्योंकि तुम अंग्रेज़, फ्रेंच या अमरीकी हो;
        तमाम दक़ियानूसी लोग होते हैं।
तत्काल नफ़रत बहुत आसान है।
तुम्हारी ज़ात पात को ले कर
        या बोली अटपटी लगे
तुम जिसे शिष्ट समझो किसी को चिकनी चुपड़ी लगे
मगर याद रखो, हत्यारे तक अपने को बुरा नहीं समझते।
हिटलर का ख़याल था कि वो जर्मनी की मदद कर रहा है
कुत्सित यहूदियों और दग़ाबाज़ वामपन्थियों को मारकर।
उसने कभी नहीं सोचा होगा कि वह भयानक है।
यह तुम्हें राहत दे सकता है। प्रकाश! अभी
ख़ुश हो कि तुम इतने भले नहीं
जितना हो सकते हो कभी!

तादेऊष रूज़ेविच
Tadeusz Różewicz

1921–2014
पोलैण्ड

आसान के अनुवाद की मुश्किलें

जैसा मुझे याद पड़ता है कि वह सत्तर के दशक का कोई समय रहा होगा जब रूज़ेविच के लेखन से मेरा परिचय हुआ; उनकी कविताओं के जरिये ही नहीं बल्कि मैथ्यूएन प्रकाशन द्वारा प्रकाशित 'कार्ड इण्डेक्स एण्ड अदर प्लेज़' से भी। तकरीबन इसी समय से मैंने पोलिश कवियों को पढ़ना और अनुवाद करना शुरू कर दिया था। अब की तरह उस समय पोलिश कवि तथा उनके अनुवादक इतने जाने-पहचाने नहीं थे, कम-से-कम भारत में तो नहीं। मेरे अन्दर यह सन्देह उठता है कि उस समय मीवोश के अलावा अन्य तीन पोलिश कवियों—रूज़ेविच, ज़्बीग्नेव हेर्बेर्त और सिम्बोर्स्का—की भी प्रसिद्धि का वह स्तर नहीं था जो अब है। इन कवियों के पोलैण्ड में पहचाने जाने की एक अहम वजह अंग्रेज़ी में अनुवाद के द्वारा बाहर से आने वाले सकारात्मक आकलन थे। यहाँ विश्व में अच्छी कविता के ध्यानाकर्षण में अच्छे अनुवादकों की भूमिका के बारे में जितना कहा जाये उतना कम है। आज भी भारतीय कविताओं के विदेशी भाषा में अच्छे अनुवाद नहीं हैं, और शायद अंग्रेज़ी में भी कम अच्छे अनुवाद हो रहे हैं; इस तथ्य के बावजूद कि अंग्रेज़ी इस देश की दूसरी भाषा के रूप में प्रतिष्ठित है। रूज़ेविच की कुछ कविताओं के पोलिश भाषा से सम्मिलित (कोलॉबरेटिव) अनुवाद करने में याग्येलोन्यन विश्वविद्यालय, क्रॉकोव की प्रोफ़ेसर रेनाता चेकाल्स्का और आग्न्येष्का कुच्क्येविच-फ्राश का मुझे सहयोग मिला। एक अल्प ज्ञात भाषा भी नोबल प्राइज़ पाने योग्य साहित्यिक प्रतिभा को जन्म दे सकती है जैसे अमिख़ाई, रित्सोज़, पेसोआ और पोपा। यहाँ मैं उन पोलिश कवियों को भी शामिल करना चाहूँगा जिन पर यह बात हो रही है। अंग्रेज़ी अनुवादों में इनकी उपलब्धता ही एक ऐसा माध्यम हो सकता है जिससे इन्हें एक बड़ा पाठक वर्ग मिल सके जो इनकी अपनी ही भाषा में सम्भव नहीं है। अगर अनुवाद में रूज़ेविच की कविता के 'फॉर्म' की सतही नक़ल की जाये तो परिणाम घिसे-पिटे और अत्यन्त साधारण होंगे। अनुवाद के लिए उनकी बेहतरीन कविताओं के चयन में यह सतर्कता आवश्यक थी कि अनुवाद में केवल आसान कविताओं के आकर्षण से बचा जाये।

(नोट : ये अनूदित कविताएँ 'जीवन के बीचोंबीच' में प्रकाशित हो चुकी हैं।)

ज़िन्दा बच गया

मैं चौबीस का हूँ
मेरा वध होना था
बच गया।

खोखले हैं ये सारे पर्याय
आदमी और जानवर
प्यार और नफ़रत
दुश्मन और दोस्त
अँधेरा और उजाला।

आदमी भी ठीक उसी तरह मारा जाता है जैसे एक जानवर
मैंने देखा है :
ट्रक पर लदे हलाल किये हुए लोग
उद्धार से परे।

ख़ाली शब्द हैं ये पवित्र भावनाएँ
पुण्य और पाप
सच और झूठ
सुन्दर और कुरूप
वीरता और कायरता।

एक भाव तुलते हैं दोनों पुण्य भी और अपराध भी
देखा है मैंने :
एक आदमी को जो एक भी था और एक में दोनों भी
अधम भी और महात्मा भी।

खोज रहा हूँ एक उपदेशक और एक गुरु को
जो मुझे वापस दिला सके मेरा देखना, सुनना और बोलना

चीज़ों और भावनाओं को दे सके फिर से उनका सही-सही नाम
अलग कर सके रोशनी से अँधेरे को।

मैं चौबीस का हूँ

मेरा वध होना था
बच गया।

(अनुवाद : कुँवर नारायण और आग्न्येष्का कुच्क्येविच-फ्राश)

सौभाग्य

कैसा सौभाग्य कि जंगलों में
रसभरियाँ चुन सकता हूँ
मेरा ख़याल था कि
न अब जंगल हैं न रसभरियाँ

कैसा सौभाग्य कि पेड़ की छाया में
लेटा रह सकता हूँ
मेरा ख़याल था कि पेड़
अब छाया नहीं देते।

कैसा सौभाग्य कि मैं तुम्हारे साथ हूँ
और मेरा दिल इतना धड़क रहा है
मेरा ख़याल था कि आदमी
अब बेदिल हो गया है।

स्मारक

हमारे स्मारक
सन्दिग्ध हैं
एक गड्ढे की तरह बने हैं

हमारे स्मारक जैसे
आँसू की एक
बूँद

जैसे छछूँदरों ने बनाया हो
हमारे स्मारकों को
ज़मीन खोद कर

हमारे स्मारक
धुएँ की तरह हैं
सीधे स्वर्ग तक पहुँचते

बोझ हल्का करते वे

वह पास आता
और कहता

तुम्हारी कोई ज़िम्मेदारी नहीं
न तो दुनिया को लेकर न दुनिया के अन्त को लेकर
तुम्हारे कन्धों से बोझ उठा लिया गया है
तुम बच्चों और चिड़ियों की तरह हो
जाओ, खेलो

और वे खेलने लगते

वे भूल जाते
कि समकालीन कविता का अर्थ है
साँस लेने के लिए संघर्ष

तमाम कामकाज के बीच

तमाम कामकाज के बीच
मैं तो भूल ही गया था
कि मरना भी है

लापरवाही
मैं उस कर्तव्य से कतराता रहा
या निबाहा भी
तो जैसे तैसे

अब कल से
रवैया बिल्कुल फ़र्क़ होगा

बहुत ही सँभल सँभल कर मरना शुरू करूँगा
बुद्धिमत्ता से ख़ुशी ख़ुशी
बिना समय बरबाद किये

प्रूफ़

मौत नहीं ठीक करेगी
कविता की एक भी पंक्ति
वह प्रूफ़-रीडर नहीं है
न किसी सम्पादिका की तरह
हमदर्द

घटिया रूपक अमर हो जाता

एक रद्दी कवि मरणोपरान्त भी
मरा हुआ रद्दी कवि ही रहेगा

एक बोर मर कर भी बोर ही करता
एक मूर्ख क़ब्र के उस पार से भी
अपनी मूर्ख बकवास जारी रखता।

***कविता हमेशा ही

कविता हमेशा ही
एक कविता का रूप
धारण नहीं कर पाती

पचास साल तक
कविता लिखते रहने के बाद
एक कवि को ऐसा लग सकता है
कि पेड़ की तरह होती है कविता
या चिड़िया की तरह उड़ती हुई
या जैसे उजाला

या जैसे बन्द होंठों के घोंसले में
दुबकी हुई चुप्पी

या ज़िन्दगियाँ
कवि के अन्दर कहीं
अरूप अवस्तु

(अनुवाद : कुँवर नारायण और रेनाता चेकाल्स्का)

***शुरू में

शुरू में
एक शब्द होता
और कुछ रचने का उत्साह

कविता के अन्त बाद
शुरू होती
अनन्तता

ध्यान से सुनो

वह बदल जाती है
ईश्वर में
उनके लिए जिन्हें क्षमा कर दिया गया

लेकिन कवि के सामने
खुल पड़ता है एक अतल

जीवन बन्द हो जाता
चन्द्रमा की
ख़ामोश रोशनी
कहीं तलछट में पड़ी रह जाती
वर्षों बाद
आसमान से एक पाषाण-खण्ड
एक उल्का
निस्ताप

(अनुवाद : कुँवर नारायण और रेनाता चेकाल्स्का)

अब

एक समय था
कि प्रतीक्षा करता
कब मुझ पर कविता का हमला हो
एक अस्थिर बिम्ब के पीछे
भागते-भागते हाँफ जाता

और अब मैं
कविताओं को अपने बिल्कुल पास से
निकल जाने देता
वे मुरझा कर मर कर
बेजान हो जातीं

और मैं उधर ध्यान भी नहीं देता
कुछ नहीं करता

(अनुवाद : कुँवर नारायण और रेनाता चेकाल्स्का)

होम वर्क

होम वर्क
नये कवि के लिए

मत करो बखान पेरिस
ल्वूव्र या क्राकोव का
अपने चेहरे का बयान करो
याद से
आईना देख कर नहीं

आईने में तुम्हें धोखा हो सकता है
सचाई और उसके प्रतिबिम्ब में

फ़रिश्ते का बखान मत करो
आदमी के बारे में बताओ
अभी कल ही जो तुम्हारे बग़ल से गुज़रा था

अपना चेहरा बयान करो
उसके बदलते भावों को
मेरे साथ जिओ

मैंने पढ़ा नहीं है
पोलिश कविता में
अच्छा आत्म-चित्रण

(अनुवाद : कुँवर नारायण और आग्न्येष्का कुच्क्येविच-फ्राश)

घास

मैं दीवारों के
जोड़ों में उगती हूँ
जहाँ वे जुड़तीं
और मिलती हैं
मेहराबदार

वहाँ चुपके से रख देती
एक अन्धा बीज
हवा में उड़ आया

धैर्य से बढ़ती हूँ
ख़ामोश दरारों में
इन्तज़ार करती हूँ दीवारों के गिरकर
धराशायी होने का

फिर ढँक दूँगी
नामों और चेहरों को।

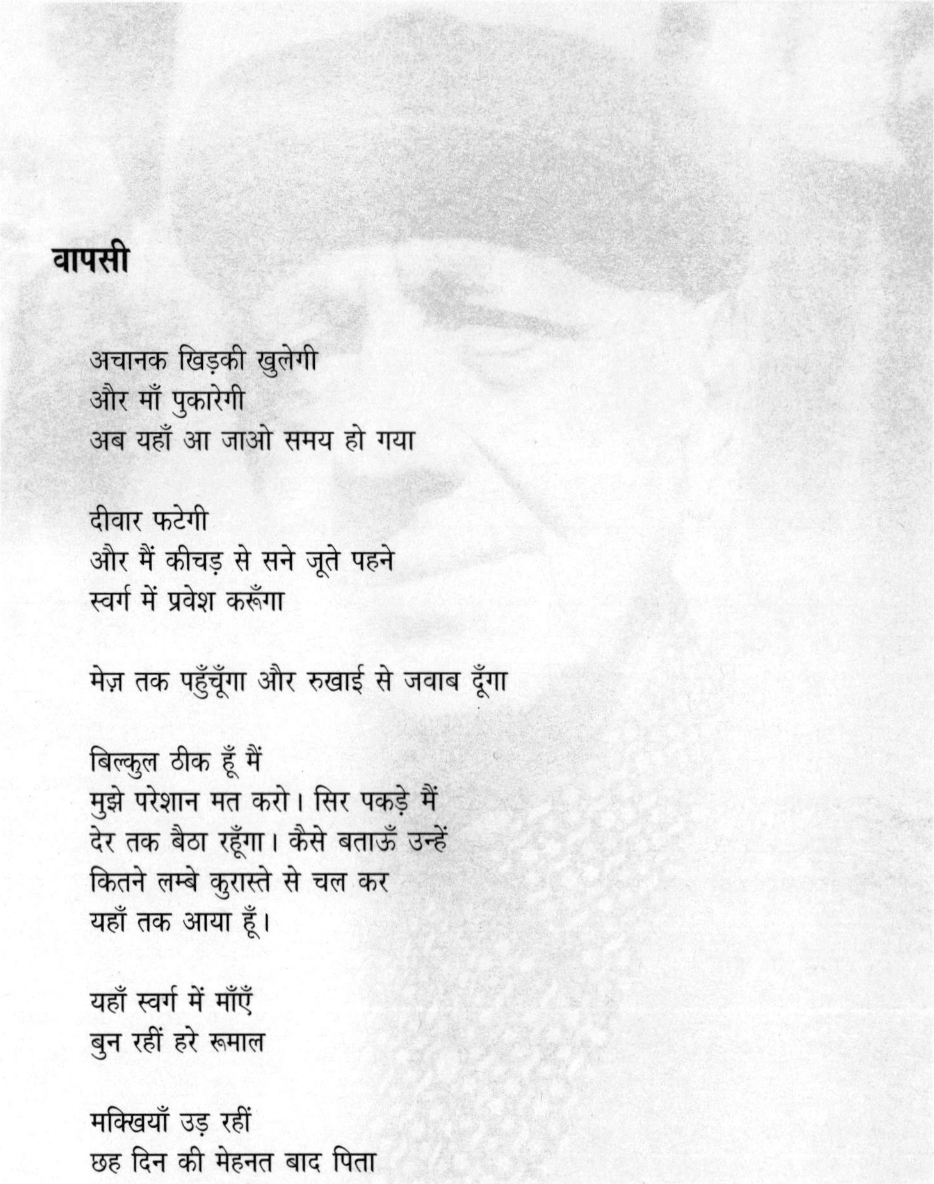

वापसी

अचानक खिड़की खुलेगी
और माँ पुकारेगी
अब यहाँ आ जाओ समय हो गया

दीवार फटेगी
और मैं कीचड़ से सने जूते पहने
स्वर्ग में प्रवेश करूँगा

मेज़ तक पहुँचूँगा और रुखाई से जवाब दूँगा

बिल्कुल ठीक हूँ मैं
मुझे परेशान मत करो। सिर पकड़े मैं
देर तक बैठा रहूँगा। कैसे बताऊँ उन्हें
कितने लम्बे कुरास्ते से चल कर
यहाँ तक आया हूँ।

यहाँ स्वर्ग में माँएँ
बुन रहीं हरे रूमाल

मक्खियाँ उड़ रहीं
छह दिन की मेहनत बाद पिता
आग के किनारे बैठे ऊँघ रहे।

न—बिल्कुल नहीं बता सकता उन्हें
कि लोग वहाँ एक दूसरे का
गला घोंट रहे।

वास्को पोपा
Vasko Popa

1922–1991
सर्बिया

नन्ही डिबिया

नन्ही डिबिया के दूध के दाँत निकले हैं
उसकी नन्ही-सी लम्बाई
नन्ही-सी चौड़ाई नन्हा-सा अन्तस्
सब कुछ नन्हा-नन्हा

नन्ही डिबिया बड़ी हो रही
वो अलमारी जिसमें वह ख़ुद थी
अब उसके अन्दर है

वह और बड़ी और बड़ी हो रही
पूरा कमरा अब उसके अन्दर है
और अब पूरा घर, पूरा शहर, पूरी धरती
और वह पूरी दुनिया जिसमें वह थी

डिबिया को याद आता अपना बचपन
इतना इतना इतना याद आता
कि वह फिर से एक नन्ही डिबिया हो जाती

अब एक नन्ही-सी डिबिया में
बन्द है एक नन्ही-सी दुनिया
आसानी से जेब में डाल ली जा सकती है वह
आसानी से चुराई जा सकती, खो सकती

सम्हाल कर रखो इस नन्ही डिबिया को

नन्ही डिबिया के कारीगर

खोलो मत नन्ही डिबिया को
मुकुट गिर पड़ेगा ईश्वर का

न, उसे बिल्कुल मत बन्द करो इस तरह
अनन्त का पतलून दब जायेगा उसके किनारे

कहीं गिर पड़ी वह धरती पर
तो उसके अन्दर सूरज के अण्डे फूट जायेंगे

हवा में मत उछालो उसे
पृथ्वी की हड्डियाँ टूट फूट जायेंगी उसके भीतर

मत थामो उसे अपने हाथों में
सितारों के गुँथे आटे में खटास उठ आयेगी उसके भीतर

यह सब क्या कर रहे हो तुम? ईश्वर के लिए—
क्षण भर के लिए भी आँखों की ओट मत होने दो उसे।

नन्ही डिबिया के किरायेदार

नन्ही डिबिया में
एक कंकड़ डालो
एक चिड़िया निकलेगी

अपनी छाया डालो
ख़ुशी की कमीज़ निकलेगी

पिता की जड़ें डालो
ब्रह्माण्ड की धुरी मिलेगी

काम कर रही है नन्ही डिबिया तुम्हारे लिए

नन्ही डिबिया में
एक चुहिया डालो
काँपता हुआ पहाड़ निकलेगा

अपनी मोती वाली सीपी डालो
अमर जीवन-चषक प्राप्त होगा

अपना सिर डालो
दो सिर निकलेंगे

छोटी डिबिया तुम्हारे लिए काम कर रही है

नन्ही डिबिया के दुश्मन

झुको मत नन्ही डिबिया के सामने
जिसके अन्दर शायद सब कुछ है
तुम्हारे सितारे और सारे सितारे

अपने को ख़ाली कर दो
उसके ख़ालीपन में

उसमें से दो कीलें उखाड़ कर
उसके मालिकों को दो
कि चबायें

उसके बीचोबीच छेद करो
और अपनी घण्टी लटका दो

उसके भीतर अपने नक़्शे भर दो
और उसके कारीगरों की चमड़ियाँ
और अच्छी तरह रौंदो उसे दोनों पाँवों से

उसे बिल्ली की पूँछ में बाँध कर
बिल्ली को खदेड़ो

हरगिज़ मत झुको नन्ही डिबिया के सामने
झुके तो
फिर कभी सीधे नहीं खड़े हो पाओगे

नन्ही डिबिया के शिकार

सपने में भी
दूर ही रहना
नन्ही डिबिया से

कहीं उसे तारों से लदेफँदे देख लिया तो
नींद खुलने पर
तुम्हारे सीने में न तो दिल बचेगा न तो आत्मा

एक बार भी अगर तुमने
अपनी ज़बान से उसकी चाबी के छेद को टटोला
तो अपने माथे में एक सूराख़ लिए जागोगे

या कभी अगर
उसे अपने दाँतों से चबा लिया एक बार भी
तो चौकोर खोपड़ी लिए उठोगे

कभी उसे ख़ाली देख लिया
तो जागते ही लगेगा
पेट में चूहे और कीलें भरी हैं

सपने में अगर नन्ही डिबिया से
कभी वास्ता पड़ ही जाय
तो फिर तो न जागना ही बेहतर होगा

नन्ही डिबिया के जज

क्यों घूर रहे हो नन्ही डिबिया को
पूरी दुनिया है
उसके ख़ालीपन के अन्दर

अगर नन्ही डिबिया दुनिया को पकड़े है
अपने ख़ालीपन में
तो अ-दुनिया
अपने अ-हाथ में पकड़े है नन्ही डिबिया को

अ-दुनिया के अ-हाथ को
उस पर पाँच सौ अ-उँगलियों को
काट कर अलग भी कौन फेंक सकता है

तुम सोचते हो
क्या अपने बत्तीस दाँतों से
उसे काट फेंक सकते हो

या इन्तज़ार कर रहे हो
कि नन्ही डिबिया उड़ कर
तुम्हारे मुँह में समा जाय

क्या इसीलिए उसे घूर रहे हो।

नन्ही डिबिया के क़ैदी

खुलो नन्ही डिबिया

तुम्हारे ढक्कन, तुम्हारे तल,
तुम्हारी चाबी, तुम्हारी चाबी के छेद को
चूमते हैं हम

पूरी दुनिया तुड़ीमुड़ी पड़ी है तुम्हारे भीतर
किसी भी चीज़ की तरह है
बस अपनी ही तरह नहीं है

आकाश-सी निश्छल इसकी माँ भी
अब न पहचान पायेगी इसे

तेरी चाबी को ज़ंग खा जायेगा
साथ ही हमें भी हमारी दुनिया समेत भीतर ही भीतर

और अन्त में तुझे भी

तेरी चारदीवारों को चूमते हैं हम
और चारों कोनों को
और चौबीसों कीलों को
और भी कुछ हो तुझमें तो उसे भी

खुलो नन्ही डिबिया

ज़्बीग्न्येव हेर्बेर्त
Zbigniew Herbert

1924–1998
पोलैण्ड

इतिहास में जाना वर्तमान से पलायन नहीं

हेर्बेर्त की कविताओं की बनावट में एक जटिलता, दूरन्देशी विचारशीलता और सन्दर्भ वैभव है, जो किसी हद तक जहाँ उनकी कविताओं को समृद्ध बनाता है, वहीं थोड़ा दुरूह भी। उन्हें आत्मसात करने में थोड़ा समय लगता है, लेकिन यह कोशिश बेकार नहीं जाती। जैसे-जैसे हम उनकी कविताओं के निकट आते हैं और उनमें गहरे प्रवेश करते हैं, अर्थ-वैभव, अनुभवों और चिन्तन की अनेक तहें खुलने लगती हैं। स्वभावतः हेर्बेर्त की कविताएँ उस कोटि की हैं, जिनसे घनिष्ठ होने में समय लगता है, पर एक बार परिचय बढ़ने पर उनका प्रभाव दूर तक और देर तक बना रहता है।

जीवन, इतिहास और राजनीति को लेकर हेर्बेर्त की कविताओं में कुछ बुनियादी चिन्ताएँ हैं, जिन्हें वे विडम्बना या आइरनी द्वारा प्रकट करते हैं। उनकी कविताओं के बौद्धिक ताने-बाने में ऐतिहासिक विद्रूप, दार्शनिक चिन्तन और गहरे मानवीय सरोकार स्पष्ट झलकते हैं। उनमें जीवन का केवल सतही अवलोकन नहीं, उसके अन्तर्विरोधों पर सूक्ष्म नज़र है। उनकी प्रसिद्ध कविता 'उपसलाहकार की वापसी' (द रिटर्न ऑफ़ द प्रोकॉन्सल) में उसके भीतर चल रहे उस द्वन्द्व में उसकी नियति को बारीकी से पढ़ा जा सकता है, जो एक सुरक्षित और शान्त जीवन को छोड़ कर षड्यन्त्रों से भरे सीज़र के दरबार में लौटने का फ़ैसला करता है। अन्तिम पंक्तियों में गहरी आत्म-प्रवंचना है :

तय किया है कि शाह के दरबार में लौटूँगा
उम्मीद तो है कि सबकुछ ठीक-ठाक ही रहेगा

हेर्बेर्त की कविताएँ केवल राजनीतिक विडम्बना को ही केन्द्र में नहीं रखतीं : एक विचारशील कवि की तरह वे राजनीतिक विसंगतियों को भी जीवन और मृत्यु के बृहत्तर चिन्तन क्षेत्र में रखकर देखती हैं। एक ओर उनके गहरे मानवीय सरोकार जहाँ जीवन के भौतिक पक्ष पर बराबर से नज़र रखते हैं, वहीं दूसरी ओर अस्तित्व के आत्मीय पक्ष पर भी उनकी सतर्क दृष्टि रहती है। 'फॉर्टिनब्रास का शोकगीत' (एलेजी ऑफ़ फॉर्टिनब्रास) में जहाँ एक ओर राजनीति का कटु यथार्थ है, वहीं हैमलेट की मृत्यु की मार्मिक त्रासदी भी। उनकी कविताएँ किसी एक ही विषय पर केन्द्रित नहीं रहतीं, वे किसी भी विषय को केन्द्र में रखकर कई आयामों में विस्तृत होती हैं। उनकी कविताओं में जीवन को लेकर गहन चिन्तन है, लेकिन वह उनकी कविताओं को बोझिल नहीं बनाता। चिन्तन के सूत्र कविता की भीतरी बुनावट में छिपे रहते हैं, उसे ऊपर से आक्रान्त नहीं करते। 'श्रीमान कॉजिटो' सीरीज़ की कविताओं में भी, जो विचार प्रधान हैं, हम इस सन्तुलन को बरक़रार पाते हैं। हेर्बेर्त की शैक्षिक पृष्ठभूमि में जहाँ अर्थशास्त्र, कानून और दर्शन है, वहीं द्वितीय महायुद्ध के वे कटु अनुभव भी जिनसे पूरा यूरोप और ख़ास तौर पर पोलैण्ड गुज़रा था। रूज़ेविच की कविताओं में इस त्रासदी

का सीधा अनुभव है। हेर्बेर्त की कविताओं में वह पूरा मानवीय सन्दर्भ है, जो उस घटना से बुरी तरह आहत हुआ।

हेर्बेर्त अपने को केवल पोलिश अनुभव तक सीमित नहीं रखते, इतिहास के ज़्यादा बड़े समय में प्रवेश करते हैं : रोमन-युग और उससे भी आगे मिथक काल तक जा कर शक्ति और सत्ता के उच्छृंखल ताण्डव को प्रस्तुत करते हैं जो मनुष्य के आततायी, करुण और विचारशील रूपों का प्रामाणिक दस्तावेज़ है। जिन ख़ूबियों को हम मीवोश, रूज़ेविच और शिम्बोर्स्का की कविताओं में अलग-अलग पाते हैं, हेर्बेर्त की कविताओं में उनका संकुल रूप है। भले ही इस कारण उनमें एकाग्रता की तीव्रता कुछ कम हो जाती हो, पर सर्वांगीणता और सन्तुलन में वे निश्चय ही क्लासिकल ऊँचाइयों को छूती हैं। जीवन और राजनीति को जब हम इतिहास के आईने में एक साथ देखते हैं, तब उसका सबसे विडम्बनापूर्ण पक्ष अपने आप खुलने लगता है।

वर्तमान में हलचल और अस्थिरता है। हेर्बेर्त की कविताएँ मानव-मन की उन छिपी गहराइयों में भी झाँकने की कोशिश करती हैं, जो हमारी तत्काल दृष्टि की पकड़ में नहीं आतीं। इस माने में हमें अनायास ही कवाफ़ी और बोर्हेस की कविताएँ भी याद आती हैं, जिन्होंने इतिहास को माध्यम बना कर ज़िन्दगी के मौजूदा यथार्थ के अनेक आयामों को उद्‌घाटित करने की चेष्टा की है। यह मानना ग़लत है कि इतिहास में जाना वर्तमान से या भविष्य से पलायन है, दरअसल वह समय के एक ज़्यादा बड़े फलक पर यथार्थ को विस्तृत करके देखने की एक युक्ति है। हेर्बेर्त की प्रमुख चिन्ता मनुष्य और मानवता है—अपने विभिन्न रूपों में। शायद इसीलिए जहाँ उन्होंने व्यक्ति के निजी अनुभवों को लिया है, जैसे प्रेम, आशा, निराशा, मृत्यु, मैत्री, करुणा, सहानुभूति आदि, उनकी कविताएँ उतनी ही जानदार और मार्मिक बन पड़ी हैं। हेर्बेर्त को पढ़ना बीसवीं सदी के एक अत्यन्त कुशल और संवेदनशील कवि को पढ़ना है।

(नोट : ये अनूदित कविताएँ 'अन्तःकरण का आयतन' में प्रकाशित हो चुकी हैं।)

घटना

सागर-तट पर चल रहे हैं हम
अपने हाथों में दृढ़ता से पकड़े
एक प्राचीन संवाद के दो सिरे
—मुझे प्यार करते हो तुम?
—प्यार करता हूँ तुम्हें।

भवें सिकोड़े
सभी बुद्धिमत्ता को छान डालता मैं
दोनों टेस्टामेण्ट्स
ज्योतिषी नबी
दार्शनिक एकान्तवासी
और मठों में रहनेवाले दार्शनिक

ऐसा कुछ ध्वनित होता :
—रो मत
—बहादुर बनो
—देखो सब को

तुम कहतीं अपने होंठ भींच कर
—तुम्हें उपदेशक होना चाहिए—
और खीज कर अलग चली जातीं
कोई नहीं प्यार करता उपदेशकों को

कहूँ भी तो क्या इस छोटे-से मृतक सागर के
तट पर खड़ा।

धीरे-धीरे पानी भर जाता
हमारे पदचिह्नों को मिटाता हुआ

(अनुवाद : कुँवर नारायण और आग्न्येष्का कुच्क्येविच-फ्राश)

गुलाबी कान

मेरा ख़याल था
कि मैं अच्छी तरह जानता हूँ उसे
बरसों से हम साथ रहते आ रहे

जानता हूँ
उसका पंछी-सा सिर
गोरी बाँहें
और नाभि

कि एक बार
जाड़े की शाम थी
आ कर मेरे पास बैठ गयी वह
लैम्प की रोशनी
पीछे से आ रही थी
मैंने देखा एक गुलाबी कान

त्वचा की एक नटखट पंखुरी
एक सीपी जिसमें जीवित रक्त
प्रवाहित था
उस वक़्त मैंने कुछ नहीं कहा—

सोच कर रह गया कि एक कविता
लिखूँगा गुलाबी कान के बारे में
पर ऐसे नहीं कि लोग कहें
अजीब विषय चुना है
ख़ब्ती है क्या

कोई हँस न सके ऐसी हो

बल्कि ऐसी कि सब को लगे
एक रहस्य का उद्घाटन किया है मैंने

उस वक़्त मैंने कुछ नहीं कहा
लेकिन उस रात जब हम साथ सोने गये

बहुत चाव से मैंने उस गुलाबी कान के
विदेशी विलक्षण स्वाद को
ठीक से जाँचा परखा

(अनुवाद : कुँवर नारायण और आग्न्येष्का कुच्क्येविच-फ्राश)

उप-सलाहकार की वापसी

तय कर लिया है कि फिर एक बार लौटूँगा शाह के दरबार में
और एक कोशिश और करके देखूँगा कि क्या वहाँ रहा जा सकता है
यहाँ इस भूले बिसरे प्रान्त में भी पड़ा रह सकता था
सिकामोर की मधुर पत्तियों की छाया में
और इन कुनबापरस्तों के बेजान शासन में

वहाँ पहुँच कर अपने को बहुत बढ़ा चढ़ा कर नहीं पेश करना है
जय-जयकार भी बहुत ही नपातुला
मुस्कुराहट तोला माशे में भवें सोच समझकर चढ़ाना
इसके लिए कोई सोने की ज़ंजीर तो मिलनी नहीं
यही लोहेवाली काफ़ी

तय किया है कि कल या परसों जाऊँगा
यहाँ बगिया में बेगाना पड़े रहना मेरे बस का नहीं
पेड़ बिना जड़ों के घर बेबुनियाद बारिश जैसे काँच
[बरसे फूलों में मोम की गन्ध]
एक रूखा बादल सूने आकाश में खँखारता
इसलिए कल या परसों तक चला जाऊँगा, जाना तो है ही अब

अपने चेहरे को भी समझाना होगा फिर से
कि निचला होंठ कैसे अपने तिरस्कार को दबाये रखे
आँखों को कि वे भरसक शून्य रहें
और वह अभागी ठुड्डी मेरे चेहरे का ख़रगोश
जो रक्षकों के मुखिया को अन्दर आते देखते ही थिरकने लगती

एक बात तो बिल्कुल तय है उसके साथ मदिरापान हरगिज़ नहीं
अपना प्याला जब वह मेरे सामने लायेगा निगाहें नीची कर लूँगा

मानो दाँत खोद रहा हूँ
वैसे बादशाह आदमी में नैतिक साहस को पसन्द करता है
लेकिन एक हद तक एक वाज़िब हद तक
आख़िर वह भी तो सबकी तरह एक आदमी ही है
और अब वह ऊब भी चुका है ज़हर देने के दाँवपेंचों से,
खुल कर पी भी नहीं सकता हर घड़ी शतरंज
यह बायाँ वाला प्याला डूसुस के लिए दाहिने को बस होंठों से छू भर देना है
और फिर केवल पानी पीना है टैसीटस पर से नज़र नहीं हटाओ
बाग़ में टहल जाओ और लाश जब हटा दी गयी हो तब लौटो

तय कर लिया है कि फिर एक बार लौटूँगा शाह के दरबार में
हाँ उम्मीद तो है कि सब कुछ ठीकठाक ही रहेगा

(अनुवाद : कुँवर नारायण और आग्न्येष्का कुच्क्योविच-फ्राश)

फॉर्टिनब्रास का शोकगीत

अब जब कि हम अकेले हैं राजकुमार हम बातें कर सकते हैं आमने सामने
यद्यपि तुम सीढ़ियों पर पड़े हो और एक मरी चींटी से अधिक नहीं देख पा रहे
सिर्फ़ काली धूप और टूटी किरणें
जब भी तुम्हारे हाथों के बारे में सोचता था हँसी आती थी
और अब जो पड़े हैं पत्थर पर गिराए हुए घोंसलों की तरह
उतने ही निरीह जैसे पहले थे बिल्कुल ऐसे ही होता है अन्त
हाथ कहीं तलवार कहीं सिर कहीं
और योद्धा के पाँव नर्म चप्पलों में।

तुम सिपाही नहीं थे पर एक सिपाही की ही तरह होगी तुम्हारी अन्त्येष्टि
उसी एक रिवाज़ को तो जाना है मैंने थोड़ा बहुत
न मोमबत्तियाँ होंगी न गाना केवल तोपों के पलीते और धमाके
पटरी पर घिसटते क्रेप हेलमेट बूट फ़ौजी घोड़े
[नगाड़ों को जानता हूँ ख़ासे कर्कश]
लेकिन बख़ूबी काम आयेंगे जब शुरू होगा मेरा शासन
शहर को पकड़ कर गर्दन से ज़रा झकझोरना पड़ता है किसी को

वैसे भी तुम्हें नष्ट तो होना ही था हैमलेट जीवन के लिए थे ही नहीं तुम
तुमने आदमी की मिट्टी में नहीं उच्चादर्शों में यक़ीन रखा
हमेशा उद्विग्न जैसे नींद में काल्पनिक कुछ पर झपटते
भेड़िये की तरह हवा को निगलते और उगलते
किसी इंसानी चीज़ को तुमने जाना ही नहीं, साँस लेना तक नहीं

अब तुम शान्ति से हो हैमलेट, तुम वह पा गये जो तुमने चाहा
शान्ति—बाक़ी सब जो शान्त नहीं अब मेरा है
तुमने आसान हिस्सा चुना एक शानदार सीधा वार
लेकिन है क्या इस वीरोचित मृत्यु में अनन्त सतर्कता के सामने

हाथ में लिए एक ठण्डा सेब उच्चासन पर विराजमान
एक नज़र चींटियों के ढूह पर तो दूसरी घड़ी के डायल पर

अब अलविदा, राजकुमार कई काम हैं मुझे एक नाले की परियोजना
और एक फ़रमान वेश्याओं और भिखारियों के लिए
और क़ैदख़ाने के लिए भी मुझे एक बेहतर योजना को रूप देना है
जैसा कि तुम ठीक ही कहते थे डेनमार्क भी एक क़ैदख़ाना ही है
लगूँ अब अपने काम से इस रात एक सितारे ने जन्म लिया
उसका नाम है हैमलेट अब हमारा फिर कभी मिलना नहीं होगा
मेरा बचा-खुचा तो एक ट्रैजेडी के लायक़ भी नहीं होगा

कोई माने नहीं रखता हमारे बीच एक अभिवादन या अलविदा अलग-अलग
[द्वीपसमूहों में बसते हैं हम]
और वह पानी ये शब्द उनसे क्या हो सकता है राजकुमार

(अनुवाद : कुँवर नारायण और आग्न्येष्का कुच्क्येविच-फ्राश)

घाटी के मुहाने पर

सितारों की वर्षा बाद
राख के बाँगर पर
वे सब इकट्ठा हुए फ़रिश्तों की निगरानी में

एक पहाड़ी से जो बची रह गयी थी
दिखाई पड़ रहा था
रँभाते दो-पायों का झुण्ड

दरअसल अधिक नहीं हैं वे
चाहे उन्हें भी गिन लें जो अभी आनेवाले हैं
निकल कर इतिहास से, कहानियों से और सन्तों के जीवनचरितों से

पर छोड़ें इन टिप्पणियों को और ज़रा ग़ौर से देखें
घाटी के मुहाने की ओर जहाँ से एक चिल्लाहट उठी

पहले धमाके की सीटी के बाद
फिर सन्नाटे की सीटी के बाद
और यह आवाज़ फूट पड़ी जैसे जीता जागता झरना

पता चला
यह उन माताओं का रुदन है
जिनके बच्चे उनसे ले लिए गये हैं
आख़िर तो हर एक का उद्धार होना है एक-एक करके ही

कठोर होना पड़ रहा है रक्षक फ़रिश्तों को
माना कि उनका काम भी आसान नहीं

वह गिड़गिड़ा रही
—छिपा लो मुझे अपनी आँख में
अपनी हथेली में, बाँहों में
हम हमेशा साथ रहे हैं
अब मुझे इस तरह मत छोड़ दो
जब मुझ बेजान को चाहिए संवेदना

एक वरिष्ठ उच्चाधिकारी फ़रिश्ता
मुस्कुराकर ग़लतफ़हमी को दूर करता

एक वृद्धा लिए है
एक मृत कनेरी
(तमाम जानवर मर चुके ज़रा पहले)
बहुत भला था वह—रो रो कर कहती है
सब समझता था वह
और जब मैंने कहा
लेकिन शोरगुल में खो गयी उसकी आवाज़

एक लकड़हारा भी
सूरत से ही बेगुनाह लगता था
बूढ़ा कुबड़ा बेचारा
एक कुल्हाड़ी अपने सीने से लगाये
—जीवन भर मेरी हो कर रही वह
अब भी वह मेरी ही रहेगी
वहाँ मेरी सेवा की
यहाँ भी मेरी सेवा करेगी
किसी को हक़ नहीं
—वह कहता—
उसे अलग नहीं होने दूँगा

कुछ हैं जिन्होंने शायद बेउज्र
हुक्म मान लिया है
उनके सिर झुके हैं सहमति में
लेकिन अपनी कसी मुट्ठियों में उन्होंने छिपा रखा है
चिट्ठियों के टुकड़े रिबन बालों की लटें
और तस्वीरें

भोले हैं जो सोचते हैं
उन चीज़ों को उनसे छीना नहीं जायेगा

अन्तिम छँटाई से
पल भर पहले

ऐसा लगता कि अलग किये जा रहे
दाँत पीसने वालों से
भजन गाने वाले

(अनुवाद : कुँवर नारायण और आग्न्येष्का कुच्क्येविच-फ्राश)

दो बूँदें

जंगलों में आग लगी थी–
लेकिन वे
उनके हाथ एक दूसरे के गलों पर गुँथ रहे थे
गुलाबों के गुच्छों की तरह

लोग बंकरों की ओर भाग रहे थे–
वह कहता रहा उसकी पत्नी के जो बाल हैं
उनकी गहराइयों में छिपा जा सकता था।

एक ही कम्बल में दुबके
वे बुदबुदाते रहे बेशर्म शब्द
प्रेमियों वाली शब्दावली

हाल ज़्यादा बिगड़ते ही
वे एक दूसरे की आँखों में कूद जाते
और उन्हें ज़ोर से मींच लेते

इतनी ज़ोर कि बरौनियों तक आ रही
लपटों को भी वे महसूस नहीं कर रहे थे

वे अन्त तक अडिग रहे
वे अन्त तक एकनिष्ठ रहे
वे अन्त तक वैसे ही रहे
दो बूँदों की तरह
ठहरे एक चेहरे के किनारे

(अनुवाद : कुँवर नारायण और आग्न्येष्का कुच्क्येविच-फ्राश)

हाथी

दरअसल बहुत ही संवेदनशील और नर्वस प्राणी होते हैं हाथी। ग़ज़ब की कल्पनाशक्ति होती है उनमें जिसकी वजह से यदाकदा वे अपने डीलडौल को भी भूले रहते हैं। पानी में उतरते तो आँखें बन्द कर लेते। अपने पाँवों को देख कर बेहाल हो कर आँसू बहाने लगते।

मैं ख़ुद एक ऐसे हाथी को जानता हूँ जिसका एक गानेवाली चिड़िया से इश्क़ हो गया। उसका वज़न घट गया, नींद हराम हो गयी और अन्त में दिल का दौरा पड़ने से उसकी मृत्यु हो गयी। जिन्हें हाथियों के स्वभाव के बारे में पता नहीं, यही कहते रहे : बहुत मोटा था वह।

(अनुवाद : कुँवर नारायण और आग्न्येष्का कुच्क्येविच-फ्राश)

एक आत्मा का रेशम

कभी नहीं
उससे बात की मैंने
प्रेम के बारे में
या मृत्यु के बारे में

केवल एक अन्धा स्वाद
और गूँगा स्पर्श ही
प्रवाहित रहता हमारे बीच
जब भी हम एक दूसरे में खोये
पास पास लेटे होते

एक बार देखूँ तो
झाँक कर उसके अन्दर
कि वह क्या पहने है
अपने भीतर

जब वह सो रही थी
खुले होंठ
मैंने झाँका
और वहाँ
और वहाँ
क्या देखा
ज़रा सोचिये तो सही

उम्मीद थी
वहाँ एक डाल होगी
उम्मीद थी
एक चिड़िया

उम्मीद थी
एक घर होगा
किसी शान्त बड़ी झील के किनारे

लेकिन वहाँ तो
शीशे की सतह पर
मुझे दिखाई दिये रखे
एक जोड़ा रेशमी मोज़े

हे ईश्वर,
ख़रीद दूँगा उसे वे मोज़े
ज़रूर ख़रीदूँगा

लेकिन फिर क्या दिखेगा
छोटी-सी आत्मा के
शीशे की सतह पर

क्या ऐसा कुछ होगा
जिसे छुआ न जा सके
सपने की एक उँगली से भी

(अनुवाद : कुँवर नारायण और आग्न्येष्का कुच्क्येविच-फ़्राश)

क्या होगा

क्या होगा
जब हाथ
दूर जा पड़ेंगे कविताओं से

जब दूसरे पहाड़ों पर
मैं पी रहा होऊँगा रूखा जल

फ़र्क़ तो नहीं पड़ना चाहिए
लेकिन पड़ता है

कविताओं का क्या होगा
जब साँस निकल जायेगी
जब छिन जायेगा
वाणी का वरदान

क्या मैं मेज़ से उठ कर
घाटी में उतर जाऊँगा
जहाँ गूँज रही
नयी हँसी
एक अँधेरे जंगल के किनारे

(अनुवाद : कुँवर नारायण और आग्न्येष्का कुच्क्येविच-फ्राश)

स्वर्ग से रपट

हफ़्ते में काम के सिर्फ़ तीस घण्टे निर्धारित हैं
तनख़्वाहें ऊँची क़ीमतें बराबर नीचे गिर रहीं
शारीरिक मेहनत थकाती नहीं (क्योंकि गुरुत्वाकर्षण कम है)
लकड़ी चीरना टाइपिंग से ज़्यादा कठिन नहीं
सामाजिक व्यवस्था टिकाऊ है और शासक अक़्लमंद
दरअसल किसी देश की अपेक्षा स्वर्ग में ज़्यादा ख़ुशहाली

शुरू में कुछ और भी तरह होना था—
प्रभामण्डल गायकवृन्द और किंचित अस्थूलता
पर उन्हें वाक़ई दिक़्क़त हो रही थी
आत्मा को साफ़-साफ़ शरीर से अलग करने में
उसमें मांसपेशियों के कुछ छिछड़े रेशे उलझे ही रह जाते
ज़रूरतन यही नतीजा निकलता था
कि एक बीज परमता में एक बीज मिट्टी भी मिलाई जाये
सिद्धान्त से फिर ज़रा हट कर आख़िरी बार
सिर्फ़ जॉन ने इसे भाँपा था : शरीर से उद्धार सम्भव है तुम्हारा

ईश्वर कुछ को ही दीखता
वह केवल शतप्रतिशत दिव्यात्माओं के लिए है
बाक़ी के लिए चमत्कारों और प्रलयों की घोषणाएँ
किसी दिन ईश्वर सबको दिखाई देगा
लेकिन कब कोई नहीं जानता

फिलहाल तो हर शनिवार की दोपहर
मीठी आवाज़ में हूँकते हैं साइरन
और फैक्ट्रियों से निकलते आसमानी मज़दूर
बग़ल में दबाये अटपटी तरह वायलिन-से अपने डैने

(अनुवाद : कुँवर नारायण और आग्न्येष्का कुच्क्येविच-फ्राश)

तारों का चहेता

वह फ़रिश्ता नहीं
एक कवि है

उसके पंख नहीं हैं
सिर्फ़ एक रोयेंदार
दाहिना हाथ

उसी हाथ से वह हवा को थपथपाता
तीन इंच ऊपर उठ जाता
और फिर तुरत गिर पड़ता

जब वह लगभग नीचे होता
अपने पाँवों को ढकेल कर अपने को ऊपर उछालता
कुछ पल ऊपर मँडराता
रोयेंदार हाथ को हिला-हिला कर

काश मिट्टी के बोझ से वह किसी तरह छूट पाता अगर
तो सितारों के घोंसले में जा बसता
किरण से किरण तक छलाँगें लगाता
अगर वह–
लेकिन सितारे
यह सोचते ही
कि वे उसकी धरती हों
घबरा कर नीचे गिर पड़ते

आँखों पर छाया करता है कवि
अपने रोयेंदार हाथ से

वह अब उड़ने के स्वप्न नहीं
गिरने के देखता
एक उल्का की तरह
अनन्त को रेखांकित करते हुए

(अनुवाद : कुँवर नारायण और आग्न्येष्का कुच्क्येविच-फ्राश)

वायलिन

नंगी वायलिन। दुबली-पतली बाँहें। उन्हें सिकोड़ कर किसी तरह ढके रहना चाहती हैं अपने को उन्हीं से। उसके विलाप के पीछे लज्जा और ठण्ड है। इसीलिए। न कि, जैसा संगीत-समीक्षक मानते, सुन्दरता को बढ़ाने की कोशिश। सचाई यह नहीं है।

(अनुवाद : कुँवर नारायण और आग्न्येष्का कुच्क्येविच-फ्राश)

सिलाई करनेवाली

सुबह से ही बारिश हो रही है। एक जनाज़ा उठने वाला है सड़क के उधर से, उस सिलाई करने वाली का। एक सपना था उसका शादी की अँगूठी का। पर जब मरी तो केवल एक अंगुष्ठाना था उसकी उँगली पर। सब हँस रहे थे इस पर। दयालु वर्षा पृथ्वी से आकाश को रफू कर रही है। लेकिन कुछ भी नहीं होने का इससे भी।

(अनुवाद : कुँवर नारायण और आग्न्येष्का कुच्क्येविच-फ्राश)

चाँद

पता नहीं कोई चाँद के बारे में कविताएँ कैसे लिख सकता है। मोटा और गन्दा है वह। चिमनियों की नाक खोदता रहता है वह। पलँगों के नीचे घुस कर जूते सूँघने का शौक़ीन है।

(अनुवाद : कुँवर नारायण और आग्न्येष्का कुच्क्येविच-फ़्राश)

बिल्ला

बिल्कुल काला है वह, लेकिन पूँछ में बिजली है। जब धूप में सोता है उससे ज़्यादा काली किसी चीज़ की कल्पना भी नहीं की जा सकती। सोते हुए भी डरी चुहियों को पकड़ता रहता, उसके पंजों के नाख़ूनों से यह साफ़ झलकता है। वह सीधा नहीं है, भयानक है उसकी सिधाई। पेड़ों से चुन लाता है चिड़ियों को पकने से पहले।

(अनुवाद : कुँवर नारायण और आग्न्येष्का कुच्क्येविच-फ़्राश)

दीवार

हम सब दीवार से लग कर खड़े हैं। हमारी जवानी क़ैदियों की कमीज़ की तरह उतरवा ली गयी है। हम प्रतीक्षा कर रहे हैं। एक चिपचिपी गोली गुद्दी पर लगने से पहले दस-बीस वर्ष गुज़र रहे। दीवार ऊँची और मज़बूत है। दीवार के पीछे एक पेड़ है और एक सितारा। पेड़ की जड़ें दीवार के नीचे धँस कर उसे फोड़ रहीं। सितारा पत्थर को एक चूहे की तरह कुतर रहा। सौ, दो सौ साल में एक छोटा-सा झरोखा बन जायेगा।

(अनुवाद : कुँवर नारायण और आग्न्येष्का कुच्क्येविच-फ्राश)

फ़िलीप ज़ाकोते
Philippe Jaccottet

जन्म : 1925
फ्रांस

धर्म-निरपेक्ष रहस्यवादी

फ़िलीप ज़ाकोते का जन्म 30 जून 1925 में हुआ। युद्ध के बाद और सुर्रियलिज़्म के ढलते-ढलते हम उनके काव्य-जीवन का उदय अस्तित्ववाद के उदय के साथ-साथ देखते हैं।

उनकी कविताएँ भारतीय मानसिकता के बहुत अनुकूल नज़र आती हैं। डेरेक मेहॉन ने उन्हें 'धर्म-निरपेक्ष रहस्यवादी' कहा है। उनके प्रतीक लगभग आदिम हैं—वृक्ष, फूल, सूर्य, चन्द्रमा, राहें, पहाड़, हवा, पानी, पक्षी, घर, रोशनी, वग़ैरह जो उसकी कविताओं के तानेबाने में व्याप्त हैं। प्रकाश उन्हें चमत्कृत करता है—'वह पवित्र ज्योति पौ फटने और सुबह के बीच के समय की...' उनकी कविताओं में अनेक बिम्ब हैं जिनमें हम एक अकेले आदमी को अपने बाग़ में देखते हैं सूर्योदय और सूर्यास्त को निहारते। उनके संग्रहों के शीर्षक इस माने में स्पष्ट उनकी मानसिकता का आभास कराते हैं, जैसे 'हवाएँ' (एअर्स)—1967 : 'बादल विचार' (क्लाउड थॉट्स) 1983 : जिनसे ये कुछ कविताएँ ली गयी हैं।

ख़ुशी के शब्द

उस आदमी की तरह हूँ जो कोहरे को हलकोर रहा
उस कुछ की तलाश में जो कोहरे में भी नहीं है
मुझसे कुछ आगे जाते क़दमों की आहट
और कुछ शब्द पास से गुज़रते लोगों के जो कानों में पड़े

अगर तुम उधर उस तरफ़ बहुत साफ़-साफ़ नहीं देख पा रहे
तो उस बच्ची का सहारा लो
ताज़ा गुलाबों की तरह वह लड़की...

जाड़ों की ढलती सूर्याभा में वह एक क़दम बढ़ाता
और साँस लेता, फिर हिम्मत करके एक क़दम और...

सच तो यह है कि अपने समय से वह
कभी भी बहुत बँध कर नहीं रह सका

इतना आज़ाद भी नहीं रहा
कि हवा के शिखरों पर कलाबाज़ियाँ खा सकता,

बल्कि उसका भी स्वभाव
कुछ कुछ कोहरे की ही तरह का है

ज़रा-सी उस गरमाहट की तलाश में
जो उसे बिखेर कर रख दे

***सभी ख़ुशियाँ बहुत दूर पर होती हैं

सभी ख़ुशियाँ बहुत दूर पर होती हैं
सचमुच कितनी दूर—वह सोचता
खुद भी तो वह जब एक बच्चा था
दूर अतीत में
याद आती उसे एक गन्ध
पसीने से भीगे टट्टू की
उसके घुटनों से पुँछ कर आती
उसकी माँ के चेहरे से स्पष्टतर

बाग़ में पेड़ों की झरती सुर्ख़ी से रँगा रास्ता

अब तो वह कभी
बाग़ के निचले हिस्से में जाता तक नहीं

***‘हाँ, हाँ, यह सच है, मैंने देखा है मृत्यु को काम करते

‘हाँ, हाँ, यह सच है, मैंने देखा है मृत्यु को काम करते
और मृत्यु को ही नहीं, समय को भी
अपने अगल बगल, अपने अन्दर, अपनी कमज़ोर पड़ती आँखों में।
दर्द शब्दों से परे है
लेकिन कुछ है जो नष्ट नहीं होता चाकू से,
जुड़ता चलता जैसे पानी जहाज़ के पीछे-पीछे’

***हर फूल एक छोटी-सी रात है

हर फूल एक छोटी-सी रात है
धीरे-धीरे नज़दीक आती

लेकिन ऊपर उठती है जिधर उसकी सुगन्ध
वहाँ मैं जा नहीं सकता
इसी से परेशान हूँ इतना
कि देर तक बैठा रहता
इस बन्द दरवाज़े के सामने

हर रंग, हर जीवन
आरम्भ होता दृष्टि के छोर से
यह संसार केवल एक शिखा है
एक अदृश्य अग्नि की

***मैं टहल रहा हूँ

मैं टहल रहा हूँ
एक बाग़ में

ताज़ा राख
अपनी पत्तियों की छाया में

एक धधकता अंगारा मेरे होंठों पर

गुंटर ग्रास
Günter Grass

1927-2015
जर्मनी

अनुवाद से समझ

कविता का अनुवाद करना कठिन है। यह एक मज़ेदार काम हो सकता है और यदि यह नीरस हो, तब भी इससे कवि को समझने में महत्त्वपूर्ण सीख मिल सकती है। कविता के अनुवाद में क्या-क्या कठिनाइयाँ आती हैं, इसकी अन्तर्दृष्टि भी इससे मिलती है। ख़ासकर तब, जब जर्मन जैसी, हिन्दी से प्रकृति में भिन्न भाषा हो और कवि उतना गूढ़ हो, जैसाकि गुंटर ग्रास। जहाँ तक गुंटर ग्रास के अंग्रेज़ी अनुवादों का सवाल है, मैं माइकल हेमबर्गर के बहुप्रशंसित अंग्रेज़ी अनुवादों का उपयोग करने से बच नहीं सका।

यह एक बड़ा लाभ है कि विश्व की श्रेष्ठ कविताओं का अधिकांश अंग्रेज़ी जैसी एक ही भाषा में उपलब्ध हो, पर इस नुक़सान को भी नज़रअन्दाज़ नहीं किया जा सकता कि अनुवाद में भाषा की सूक्ष्मता जोकि एक नाज़ुक कला है और कविता के अस्तित्व की वजह है एवं जिसके लिए कोई श्रेष्ठ कविता के नज़दीक जाता है, वह सपाट हो जाती है। उदाहरण स्वरूप उर्दू कविता जो इतनी संस्कृति-सन्दर्भी कला है कि वह किसी और अभिव्यक्ति के माध्यम में अपनी जीवनशक्ति को खोये बिना आसानी से नहीं ढाली जा सकती। उर्दू, अरबी और फ़ारसी को छोड़ कर, जिनसे वह निकली है और इनकी परम्पराओं और मिजाज़ को बनाये हुए है, किसी और भाषाई परिवेश का घोर प्रतिरोध करती है।

हिन्दी में कविता लिखते हुए या अनुवाद करते हुए मैंने पाया कि परिणाम अधिक सन्तोषजनक तभी होते हैं, जब हम हिन्दी भाषा के संस्कृतनिष्ठ या फ़ारसीनिष्ठ लिखित रूप की तुलना में इसके बोलचाल के मौखिक रूप के ज़्यादा क़रीब रहें। गुंटर ग्रास की कविता का अनुवाद करते हुए उनकी जर्मन भाषा से निजी जद्दोज़हद ने मुझे यह सुझाया कि हर भाषा के इतिहास में ऐसा दौर आता है, जब उसे ख़ुद को अद्यतित करने के लिए अपनी प्रकृति और संसाधनों को लेकर पुनर्विचार करना ज़रूरी होता है। इसीलिए मेरे लिए गुंटर ग्रास का अनुवाद करने का मतलब उनकी कविता को हिन्दी में ढाल देना ही नहीं था, बल्कि भाषा के संसाधनों और उसकी रचनात्मक क्षमता के साथ एक गहन संघर्ष भी था।

खुली अलमारी

नीचे के ख़ाने में जूते हैं
एक कीड़े से घबरा रहे
जो बाहर निकल रहा,
और एक सिक्के से जो भीतर जा रहा,
कीड़े और सिक्के से कि कहीं उन्हें कुचल न दें
और उनकी छाप उन पर चिपकी रह जाय!
ऊपर के ख़ाने में टोपी है
सावधान, धीरे से, हड़बड़ी मत करो!
नायाब पंख हैं, क्या तो नाम था उस चिड़िया का
किधर घूम गयीं उसकी आँखें
जब उसे लगा कि उसके पर बड़े रँगीले हैं?
नेप्था की गोलियाँ जेबों में सोयी पड़ीं
देख रहीं कीड़ों का सपना।
यहाँ एक बटन ग़ायब है,
इस पेटी वाला साँप मुरझा चुका।
सिल्क निष्प्रभ,
उस पर बने ऐस्टर और दूसरे चटक फूल,
पतझर हो गयी पोशाक।
हर रविवार को कपड़ों की तहों में
समाती थी एक देह, उसका सत्व।
इसके पहले कि अलमारी चुप साध ले, काठ की तरह,
चीड़ की ज़ात—
कौन पहनेगा कोट
एक दिन तुम्हारे न रहने पर?
बाँहों को पहन कर बाँहों पर

कौन ठीक-ठाक करेगा उसे?
कॉलर को ऊपर उठा कर
तसवीरों के सामने ठहर कर
अकेला
ढीली जैकेट ओढ़े

असफल धावा

बुधवार को
सब को पता था कितने क़दम चल कर
कौन सी घण्टी बजायें,
बायीं तरफ़ का दूसरा दरवाज़ा।

उन्होंने गोलक फोड़ दी
लेकिन
आज तो इतवार था...
और नग़दी गिरजाघर में थी

पारिवारिक प्रसंग

हमारे अजायबघर में—जहाँ हम हर रविवार को जाते हैं—
एक नया विभाग खुल गया है।
गर्भ से गिराये गये हमारे शिशु, पीले, संजीदा भ्रूण
शीशे के सादे मर्तबानों में बैठे
परेशान अपने-अपने माता-पिता के भविष्यों को लेकर।

गुंटर कूनर्ट
Günter Kunert

जन्म : 1929
जर्मनी

अचानक खुल पड़ी खिड़की

अब भी आकाश में कहीं रोशनी नहीं। धुआँ
चारों तरफ़। बाहर बजरी पर
कोई एक।
पहचान मुश्किल। कुहासे से लिपटा
और धुन्ध में।
खटखटाता है काले, चिटकी लकड़ी के
तुम्हारे दरवाज़े को।

और अगर पूछो कि क्या नाम है उसका
तो तुम्हारे दरवाज़े पर दस्तक देता, कोई बोलेगा :

वही जिसे तुमने ज़िन्दगी से बाहर फेंक दिया था
कचरे की तरह।
जिसे उड़ेल आये थे
बासी धोवन की तरह।
जिसे तुमने चुपचाप सूख जाने दिया
नीलकुसुम की तरह तपती
दोपहरी में।
वह जो हमेशा मृतप्राय। हमेशा लौटता हुआ।

मुझे कहते हैं सचाई।
कोई नहीं रोक पाता मुझे : न ये लकड़ी का
तुम्हारा दरवाज़ा। न तुम्हारे कमरे का दरवाज़ा।
न तुम्हारे मांस की चमड़ी। न ही

तुम्हारे मस्तिष्क पर हड्डी की छत
मैं अन्दर आ रहा हूँ।

जैसे सुबह।
जैसे दिन जिसे कोई नहीं रोक सकता
आने से।

उल्टी चलाई गयी एक फ़िल्म

जब आँखें खुलीं
दमघोंट अँधेरे में जागा
ताबूत में।
          सुन पड़ा : मिट्टी
खुद रही थी मेरे ऊपर। उसके चप्पे
उड़-उड़ कर फावड़े पर पड़ रहे थे। वह
अभिन्न मेरा ताबूत, मेरे संग ही
          दिवंगत, धीरे-धीरे ऊपर उठा।
ढक्कन खुला और मैं
उठ खड़ा हुआ, लगा
          तीन गोलियाँ निकलीं
मेरे सीने से
और सिपाहियों की बन्दूकों में घुस गयीं और वे
          क़वायद करते हुए लौटने लगे
एक समवेत गान गाते
दृढ़ शान्त क़दमों से
          उल्टे पाँव।

चिन्ताएँ

वह जो जीने का फ़ैसला करता
उसे जानना चाहिए कि पिछली रात क्यों
वह जाग पड़ा था, कहाँ
वह जायेगा आज इन सड़कों से,
किसलिए पुताई करेगा वह
कल अपने कमरे की।

कोई चीख़ा था क्या?
क्या कोई लक्ष्य है?
यह जगह सुरक्षित तो है न?

एक पुरानी सड़क का पुराना फ़ोटोग्राफ

अपने को धीरे-से रख देना
इस धुमैली सड़क पर।
बजरी-कुटी, भूरी
और एकदम ख़ाली सिवाय मेरे—
वहाँ हाथ उठाये : पीछे
एक दूसरा मोड़, दिखता नहीं,
पर जहाँ से घर के लिए
घोड़ेवाली ट्रामगाड़ी पकड़ कर अभी-अभी
ओझल हो जाऊँगा अनन्त निगेटिव में।

जैसा कि होना चाहिए उसे

निरुद्देश्य और सारगर्भित
होना चाहिए उसे
निरुद्देश्य और सारगर्भित
उसे निकलना चाहिए मिट्टी से
मिट्टी जिससे भव्य महलों की ईंटें
बनती हैं—फिर एक अच्छे भले दिन ढह कर
उसे मिट्टी में मिल जाना चाहिए

निरुद्देश्य और सारगर्भित
होना चाहिए उसे,
अजीब-सा काम
होगा यह
न आतंक के मतलब का
न आतंक में बदला जा सकने लायक
इसीलिए निरुद्देश्य
इसीलिए सारगर्भित

जैसे कविता

स्मृति-4

क्रिस्टोफ़र मिडल्टन के लिए

स्मृति, एक नेत्रहीन स्त्री,
नाम छोड़ अन्य कोई पहचान
नहीं उसकी, वह नेत्रहीना जिसके पास
बेशक़ीमती छिपे ख़जाने।

सीसे को सोने में बदल जाते
देखता रह जाता चकित कीमियागर : वे
भी तो इतना ही कर सके कि लोग रूपान्तरित हो गये
बाशिन्दों में, जातियाँ
शब्दों में, घर डिब्बों में,
नगर मरुस्थलों में जहाँ
निवासी बक्सों में बसते और चल पड़ते
हुक़्म होते ही, बिना जाने
कहाँ से, कहाँ को, किस लिए।

एक नेत्रहीन स्त्री, नाम स्मृति,
एक आँख किंचित खोलती। जब वह
तुम्हें देखते हुए भी नहीं देखती
तुम देखते हो
अपनी उत्पत्ति परत-दर-परत कोयलों के अथाह में।

यह कि बहुत पहले ही खो चुके तुम अपना रहस्य :
क्योंकि तुम दिखाई पड़ने लगे। यानी उपयोगी हो गये।
यह कि तुम्हारा भविष्य, भविष्य की अनेक छवियों सहित,
घटित होता है, घटित होता रहता है।
यह कि तुम एक मूर्ख से अधिक कुछ नहीं। या फिर
निश्चय ही
चक्रगति से घूमते किसी पदार्थ से

छिटक कर अलग जा पड़ा
वैसा ही एक दूसरा पदार्थ। कुछ-कुछ जैसे
कोई आदि-देव, भक्तों के बिना,
अपने ही स्वरूप को पूजने लगे।
हत्यारों के गिरोह पालने लगे।
उस एकटक अन्धी दृष्टि को सह न पाये
जिसने सब कुछ देखा है।

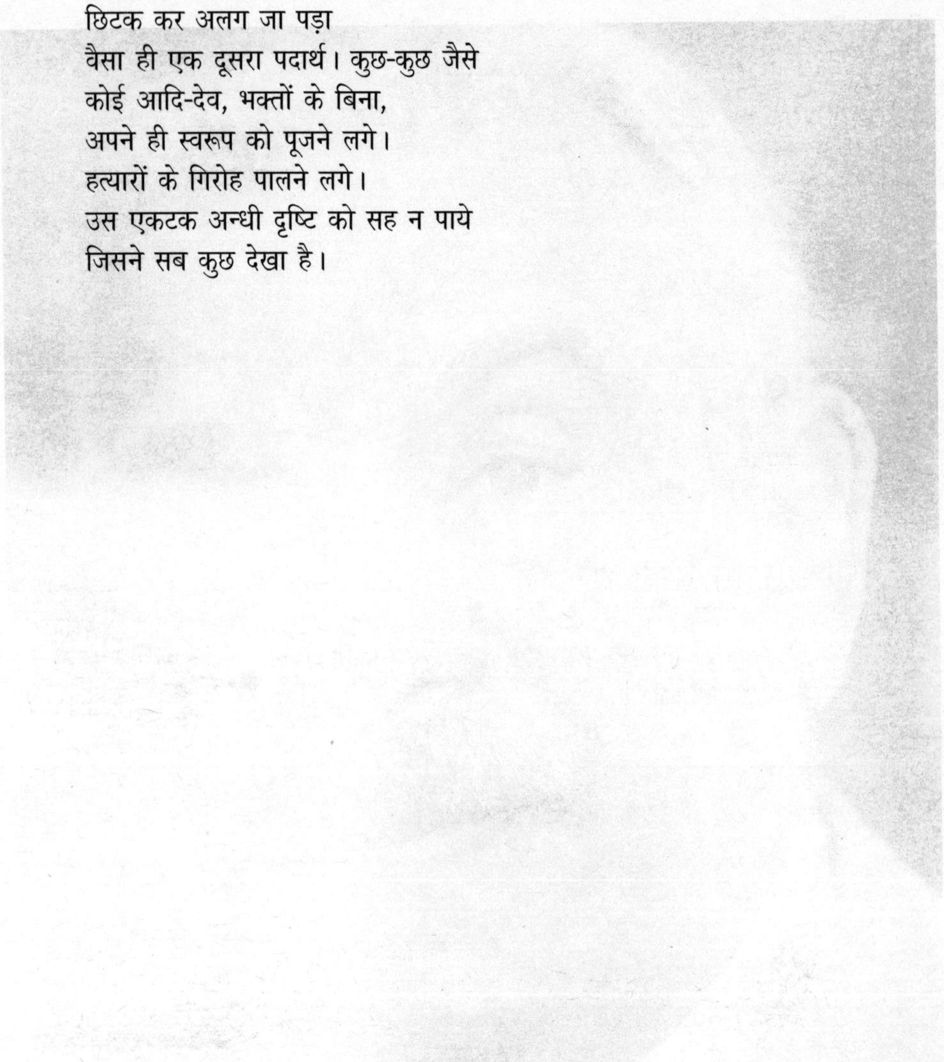

डेरेक वॉल्कॉट
Derek Walcott

जन्म : 1930
सेंट लूशिया (वेस्ट इंडीज)

कल, कल

याद आते शहर जिन्हें मैंने कभी नहीं देखा
ठीक से। चाँदी की नसोंवाला वेनिस : लेनिनग्राद
टॉफी की तरह ऐंठी हुई मीनारोंवाला। पेरिस।
जल्द ही 'प्रभाववादी' छाया को बना देंगे
सूरज की रोशनी : और हाँ
साँप की तरह कुण्डली मारे हैदराबाद की गलियाँ।

एक ही क्षितिज से लगाव एक ही जगह घुटकर रहना
दृष्टि को छेंक लेता है, अनुभव को संकुचित करता।
भीतर उत्साह लेकिन दिमाग़ गन्दा। अपने को
जाया करती देह गन्दे बिस्तरे पर
जीवनदृष्टि को पत्रिकाओं से विस्तृत करती।

दरवाज़े के बाहर एक पूरी दुनिया है, पर अजीब लगता
अपने सामान के बग़ल में ठण्ढी सीढ़ियों पर खड़े, जैसे सुबह
दीवारों को गुलाबी रंगती, और इसके पहले कि हम दुखी हों
टैक्सी आ पहुँचती हॉर्न देती
पटरी से लग कर खड़ी हो जाती जैसे मुरदागाड़ी
कि अब चलो...

जेम्स डेविड रुबादिरी
James David Rubadiri

जन्म : 1930
मलावी

लिवरपूल में एक काला मज़दूर

अक्सर उसके क़रीब से गुज़रा हूँ
अँधेरी गली कूचों के फुटपाथों पर वह मिल जाता
कमर झुकी, सिर झुकाये
परेशान, मरियल और थकामाँदा
अँधेरी छायाओं में एक अँधेरी छाया

उसकी आँखों में आँखें डाल कर
उसके चेहरे को देखा है मैंने
लेकिन कहीं न थी उस काले चेहरे पर
धूप-सी ख़ुशी,
कोई आशा, कोई आकांक्षा अब–कभी रही हो तो रही हो;
केवल बेधती हुई निगाहों से देखना
बेलौस भीड़ के आरपार
किसी मेहरबान एक हमदर्द (कृपालु, दयालु) चेहरा लिए
एक हमदर्दी की अनुभूति के लिए
जो उसके दर्द को समझ सके

वो रहा–
लिवरपूल में काला मज़दूर
जो इस आज़ाद देश में आया था
अपने देश से
कि यहाँ शायद उसे मिल सके
सदियों सताये अपने भारी मन से
उसके आग्नेय पुरुषत्व की अभिव्यक्ति को
एक व्यक्तित्व गौरवान्वित पहचान
यहाँ इस आज़ाद धरती पर।

लेकिन यहाँ भी ये बेचारे सब–
ख़ुद भी एक रोशनी के लिए परेशान हैं।

क्या कभी वह सूरज चमकेगा
जिसे उसने जन्मते ही देखा था?
यहाँ नहीं–
यहाँ तो बस यही फावड़ा,
और कुछ भी न सोचना, इसी में ही कल्याण है।

टेड ह्यूज़
Ted Hughes

1930–1998
इंग्लैण्ड

फुटबॉल का खेल

गहरी घाटियों के बीच, एक पहाड़ी की नंगी पीठ पर
लोग दोरंगे-तिरंगे कपड़ों में,
उछलते कूदते हैं अपने फूले फुटबॉल की तरह।

बॉल उछला, साथ ही वे सब भी,
लोगों का एक खुशरंग फ़व्वारा-सा
कि बॉल को सिर से उछाल दें वापस।
बॉल दूसरी ओर हवा में उड़ चला–

भागे वे भी उसके पीछे, मानो रबर के हों।
बॉल उछला, और ये रहा वो रहा कि हवा हो गया
दरख़्तों की खाड़ी पार। सब चिल्लाये–
बॉल वापस हुआ।

आसमान के जलते सूराख़ों से तेज़ हवा बह निकली
अँधेरी पहाड़ियों का ढेर-सा लगाती हुई
कि लोग डर जायें। विकराल किरण की लपटों ने
न जाने कैसी चिकनई कलौंस में मिलाकर सब पर बिखेर दी।
और फिर वर्षा, एक भारी लोहे की तरह, दृश्य को दबाने लगी।

बाल सँवारे, वे सब लौट रहे थे
गड्ढों पर कूद-कूद कर रोशनी के छींटे उछालते।
नहाये धोये, उनकी मगन हू-हा दूर से सुनाई पड़ती थी
साफ़ बेफ़िक्र...
जब कि दुनिया सिहर रही थी।
और निःशब्द घाटियाँ उदासी की गहरी अतलान्त गहराइयों में डूबने लगी थीं–

वे हवा में साइकिलें चला रहे थे, 'गोली' अभी भी अपने पेट के बल
हवा में तैर रहा था; हर तरफ़ पंखों की फर्राहट थी

और उधर, एक बार फिर, बादलों को ज़रा-सा हटाकर

आग पानी का बवंडर अपनी ख़ूनी आँखों से
उन्हें ताक रहा था।

हेप्टनस्टाल का पुराना गिरजा

एक बार एक विशाल पक्षी यहाँ उतरा था।

उसका गाना सुन कर लोग अपनी गुफ़ाओं, घूरों,
झाड़ झंखाड़ों की दुनिया से बाहर निकल आये थे।

उसके गाने ने घाटियों में उजाला कर दिया था
और बंजर ज़मीन भी आभूषणों से लद गयी थी।

उसके गीत ने आकाश से एक मणि ला कर
लोगों के माथे पर सजा दी थी।

और फिर उस पक्षी की मृत्यु हो गयी।

उसकी विराट हड्डियों का ढाँचा
काला पड़कर एक रहस्य बन गया।

वह मणि भी लोगों के माथे पर काली पड़ी
और गिर कर चूर-चूर हो गयी।

घाटियाँ अँधेरी हो गयीं
और वह ज़मीन भी छिन्न-भिन्न हो गयी।

कुँवर नारायण से बातचीत

रेनाता चेकाल्स्का

अनुवाद के नज़रिए से कौन-से पोलिश लेखक आपको अच्छे लगते हैं? और क्यों?

पोलिश साहित्य बेहद सम्पन्न है और उसके कई लेखक-कवि मुझे पसन्द हैं। अनुवाद के नज़रिए से देखा जाये, तो भी। बीसवीं सदी के कई अन्य पोलिश कवियों के अलावा, ज़्बीग्न्येव हेर्बेर्त और तादेऊष रूज़ेविच मुझे बेहद प्रिय हैं, और शायद यही कारण है कि मैंने इन्हें अनुवाद के लिए चुना। चूँकि मुझे पोलिश भाषा ठीक से नहीं आती, इसलिए मैंने, एक प्रोजेक्ट के तहत, रेनाता चेकाल्स्का और आग्न्येष्का कुच्क्येविच-फ्राश के सहयोग से अनुवाद किये। मेरी बातें इन्हीं दोनों कवियों के सन्दर्भ में होंगी। जो अन्य पोलिश कवि मुझे पसन्द हैं, वे हैं मीवोश, शिम्बोर्स्का, स्विरज़िन्स्का, लीप्स्का और त्वार्दोव्स्की।

अनुवाद के लिए हेर्बेर्त और रूज़ेविच को चुनने के पीछे दो बिल्कुल मुख़्तलिफ़ कारण हैं, उतने ही मुख़्तलिफ़ जितने कि ये दोनों कवि हैं। दोनों के बीच किसी एक को चुनने के बजाय मैं चाहूँगा कि दोनों के बीच के अन्तर को जानते हुए दोनों को रखा जाये। दोनों ने ही जीवन और साहित्य को विविधता और सम्पूर्णता में जिया। समानताएँ आपस में घुल जाती हैं, लेकिन असमानताएँ आपस में संवाद करती हैं। उन्हीं के कारण रचनात्मक हलचल पैदा होती है।

हालाँकि हेर्बेर्त की कविताएँ मेरे अपने काव्यबोध और काव्यानुभव के क़रीब हैं, लेकिन रूज़ेविच के काव्य-संसार में बेहद अलग क़िस्म की मार्मिकता है। उसकी जड़ें न सिर्फ़ दूसरे विश्वयुद्ध के त्रासद अनुभवों से गहरे जुड़ी हैं, बल्कि जीवन और मानवीय स्वभाव में भी वे उतने ही गहरे गयी हैं। हेर्बेर्त की कविताएँ कई सारे सन्दर्भों से जुड़ी हैं, वे कई सारी घटनाओं-प्रसंगों के साथ चलती हैं, उनका विस्तार अतीत से लेकर वर्तमान तक, कई सारे मानवीय अनुभवों तक है। वे उतनी तीखी और मार्मिक नहीं हैं, लेकिन अपने अनुभव के दायरों का विस्तार करके वे उसकी कमी नहीं खलने देतीं। हेर्बेर्त अपेक्षाकृत ज़्यादा शान्त हैं, उनमें ठहराव है, वे ज़्यादा मननशील और विचारोत्तेजक हैं। ये गुण आपस में पूरक होते हैं। हमारे समय के बेहद महत्त्वपूर्ण और दो बिल्कुल अलग तरह के कवियों को अनुवाद करने के लिए उनकी विश्व-दृष्टि से सामंजस्य बिठाना बेहद ज़रूरी था, ख़ासकर तब, जब अनुवादक खुद भी एक कवि हो।

पोलिश साहित्य से कवि और कविताएँ चुनने के आपके मापदण्ड क्या थे?

ज़ाहिर है, एक तो वही कारण है, जो मैंने ऊपर बताया। दूसरा भी संयोग की बात है—आप किसी कवि या कविता से कब और कैसे टकरा जाते हैं, अचानक किसी को पढ़ते हैं, फिर पढ़ते चले जाते हैं। जैसे कहा जाता है कि कविता अपने लिए खुद कवि चुन लेती है, उसी तरह कहा जा सकता

है कि कविता अपने लिए ख़ुद अनुवादक भी चुन लेती है। जैसे रूज़ेविच के बारे में बताऊँ, अगर मेरी स्मृति सही है, तो—सत्तर के दशक का कोई साल था, जब मैंने पहली बार उन्हें पढ़ा, मेसोएन द्वारा प्रकाशित 'कार्ड इंडेक्स एंड अदर प्लेज़' के अंग्रेज़ी अनुवाद में। उस समय वह इतना प्रसिद्ध नहीं थे, ख़ासकर भारत में (शायद पोलैण्ड में भी नहीं थे), जितना कि आज हैं। चेस्लाव मीवोश द्वारा अनूदित संकलन 'पोस्ट-वार पोलिश पोएट्री' के जरिए उनकी कविता से संगत बढ़ती गयी। बाद में एडम चेर्नियाव्स्की ने 'मॉडर्न यूरोपियन पोएट्स शृंखला' के तहत जो उनके सुन्दर अनुवाद किये, उससे उनकी कविता के पूरे दायरे का ज़ायक़ा मिला। ऊपरी तौर पर सरल और अनौपचारिक लगने वाली काव्य-संरचना अपने आप में अनूठी लगी और उससे उनमें मेरी रुचि बढ़ गयी। उसके बाद रेनाता और आग्न्येष्का के साथ एक किताब की रूपरेखा बनी। उन दोनों की साहित्यिक और भाषाशास्त्रीय पृष्ठभूमि के कारण मुझे यह जानने का एक क़रीबी मौक़ा मिला कि उनकी कविताएँ मूल पोलिश में कैसी लगती हैं और हिन्दी में उनकी संरचना कैसी हो सकती है।

जो कविताएँ मुझे भायी थीं, उनके जरिए मैं कविता के भीतर पोलिश भाषा का एक 'फील' भी पाना चाहता था। मैं बहुत धुँधला-सा देख पाया, लेकिन, कम से कम कविता में, जो भाषा मैं बोलता हूँ, वह उससे कोई बहुत दूर नहीं थी। इसी सिलसिले में, एक तरह से कह सकते हैं कि हेर्बेर्त की कविता सार्वभौमिक भाषा बोलती है। उसमें समय और दूरी के कई कठिन अवरोधों को आप आसानी से पार कर लेते हैं। कई समकालीन और विशिष्ट घटनाएँ मानवीय अनुभवों के व्यापक पटल पर फैली हुई हैं। मैं ख़ुद यह मानता हूँ कि किसी एक जगह पर या किसी एक समय में जो घटना घट रही है, उसका व्यापक प्रभाव पड़ता है, क्योंकि उनकी जड़ें पूरे मानवीय इतिहास और मानव स्वभाव में गहरे तक धँसी होती हैं। हेर्बेर्त का हैमलेट जितना पोलैण्ड या इंग्लैण्ड का है, उतना ही डेनमार्क का। इसके उलट, ऊपरी तौर पर रूज़ेविच की कविताओं को देखने से ऐसा जान पड़ता है कि वे सीधे तौर पर दूसरे विश्वयुद्ध के दौरान महज़ पोलिश अनुभवों से ही जुड़ी हुई हैं, लेकिन दरअसल उनकी कविताएँ युद्ध, क्रूरता और रक्तपात से जुड़े पूरी इंसानियत के कटु अनुभवों को विराट करती हैं।

कविता अपने विशिष्ट तरीक़ों से यथार्थ को पकड़ती, परिवर्तित और सम्प्रेषित करती है, और मेरे लिए इन दोनों कवियों का अनुवाद करना उनकी तकनीकों और रचनात्मक मस्तिष्कों में झाँक सकने का एक दीगर मौक़ा भी था।

अनुवाद दूरस्थ सभ्यताओं के बीच एक पुल का काम कर सकता है या वह महज़ उनकी भिन्नताओं या विविधता पर अधिक प्रकाश डालता है। आप क्या मानते हैं?

यह उनकी भिन्नताओं को प्रकाश में लाता है, इस तरह उन सारी भिन्नताओं को एक सम्पूर्णता के रूप में स्वीकृत करता है, वह सम्पूर्णता जिसका प्रयोग हम दूरस्थ सभ्यताओं के बीच पुल की तरह कर सकते हैं। प्रकृति भिन्नताओं से भरी हुई है। हम उसकी विविधता के आदी हैं। अलग मौसम, अलग इलाक़े, अलग फ़सलें, अलग परम्पराएँ, अलग इतिहास...ये सब साथ मिलकर ही इस दुनिया को मनोहर बनाते हैं। हम अपने से अलग साहित्य, अलग कलाओं के आस्वादन की तरफ़ इसीलिए जाते हैं कि वे हमसे अलग हैं, इसलिए नहीं कि वे ठीक हमारे जैसी हैं। हम दूरस्थ इलाक़ों की यात्रा करते हैं ताकि हम कुछ अलग और नया महसूस कर सकें। सबसे पहले हमें अपना दृष्टिकोण ठीक करना होगा कि अनुवाद हमें उस क़िस्म का काव्यात्मक (और/या साहित्यिक) अनुभव देने के लिए होता है, जिस अनुभव से हम पहले से वाक़िफ़ न हों।

ज़ाहिर है, अलग-अलग भाषाओं में कविता की संस्कृति और तेवर अलग होते हैं और सारी भाषाएँ अनुवाद की कविताओं को एक जैसी आसानी से जज़्ब नहीं कर पातीं। इसीलिए दो सभ्यताओं के बीच पुल जैसा काम करने की इसकी भूमिका, कम से कम कविता के सन्दर्भ में, दोनों सभ्यताओं की भाषाई संरचना से जुड़ी हुई है। ख़ासकर इस मामले में, किसी के सहयोग से किये गये अनुवादों के जरिए, मुझे यह मौक़ा मिला कि मैं मूल पोलिश में इन कविताओं की संरचना की झलक पा सकूँ, साथ ही साथ उनके अंग्रेज़ी अनुवादों के जरिए उन्हें जान सकूँ। मोटे तौर पर दो बातें महत्त्वपूर्ण लगीं : पहली, पोलिश के वाक्य-विन्यास व शब्द-प्रयोग को अंग्रेज़ी के मुक़ाबले हिन्दी कहीं बेहतर तरह से पकड़ सकती है यानी दोनों भाषाओं के बीच अनुकूलता कोई कम महत्त्व की नहीं। दूसरे, मूल पोलिश के कई भावप्रवण मुहावरों का पर्याय हिन्दी में खोजना कहीं आसान रहा, बनिस्बत उनके समानार्थी अंग्रेज़ी मुहावरों के।

अनुवादकों की क्रान्तिकारी ऐतिहासिक भूमिकाओं पर हम अक्सर कम ध्यान देते हैं। यदि उनका अथक परिश्रम न होता, तो कई बहुमूल्य प्राचीन व मध्ययुगीन किताबें हमेशा के लिए खो जातीं। प्राचीन ग्रीक और पूरब का विचार-वैभव हमारे लिए उन्हीं लोगों ने बचाये रखा। घुमक्कड़ क़िस्म के वे अनुवादक ही अलग-अलग महाद्वीपों की अलग-अलग संस्कृतियों के बीच सूत्र की तरह जुड़े रहे। हमारे ही समय में देख लें, हम एक-दूसरे को अनुवाद की बदौलत ही अब गहरे और बेहतर जानते हैं। मुझे इसमें कोई सन्देह नहीं कि अनुवाद ही वह जरिया है, जो हमारे दिमाग़ को न केवल भिन्नताओं को स्वीकार करने, बल्कि उनका आनन्द लेने के लिए भी प्रेरित करता है।

पोलिश साहित्य का अनुवाद करते समय आपके सामने कौन-सी कठिनाइयाँ आयीं, जिनका उत्स आप सांस्कृतिक-साभ्यतिक भिन्नताओं में पाते हैं? कुछ उदाहरण भी दीजिए।

आप मेरे पिछले जवाबों में देख सकते हैं कि मैं भिन्नताओं को कठिन नहीं मानता, उल्टे मैं उनका स्वागत करता हूँ। वे ऐसी चुनौतियाँ देती हैं, जो न केवल दिलचस्प होती हैं, बल्कि रचनात्मक सन्तुष्टि भी प्रदान करती हैं। जब दो भाषाएँ (कभी-कभी तीन भी, क्योंकि एक तीसरी भाषा भी माध्यम बन जाती है) किसी काव्यात्मक समस्या का समाधान करने के लिए जुटती हैं, तो वह सभ्यताओं की मुठभेड़ नहीं है, बल्कि एक ऐसी शान्तिपूर्ण प्रक्रिया है जिसकी जड़ें गहरी आपसी समझ व परस्पर सम्मान में बसी होती हैं। रूज़ेविच की कविताएँ सरल हैं। वे हठी नहीं हैं। वे अंग्रेज़ी या हिन्दी के जरिए उतनी ही सहज हैं जितनी पोलिश में। कवि और अनुवादक के बीच किसी कठिन उपकरण की उपस्थिति आपको नहीं दिखेगी। इसके बावजूद, यह जो ऊपरी सतह की सरलता है, यह धोखादेह हो सकती है। एक कवि-अनुवादक के रूप में मैं हमेशा यह सावधानी बरतता हूँ कि भले एक अच्छा कवि अपनी कविता को कितना भी सरल जामा पहना दे, उसकी कविताओं में हमेशा कुछ अन्दरूनी आयाम भी होते हैं। एक उदाहरण देता हूँ—उनकी मशहूर कविता है 'सरवाइवर' (इस किताब में 'ज़िन्दा बच गया' शीर्षक से), वह जितनी सरल है, उतनी ही सूक्ष्म भी है। जितनी वह एक विशिष्ट अनुभव के बारे में है, उतनी ही वह मानव स्वभाव पर एक टिप्पणी के रूप में व्यापक भी है। उसे शब्दशः अनुवाद करना कठिन नहीं हैं, लेकिन एक शब्द की चूक भी उस कविता के व्यापक अर्थ पर प्रभाव डाल सकती है। उस कविता के भीतर, और पूरे मानव स्वभाव के भीतर, जो हिंसा बसी हुई है, उसे उजागर करने के लिए महज़ समानार्थी शब्द नहीं, बल्कि समान अनुभूति वाला शब्द खोजना ज़रूरी था।

हेर्बेर्त की कविताएँ अनुवाद के लिहाज़ से आसान नहीं। उनका अनुवाद सांस्कृतिक व साहित्यिक पृष्ठभूमि से एक गहरे परिचय की माँग करता है। ऐसा होने पर ही 'फॉर्टिनब्रास का शोक-गीत' या 'उप-सलाहकार की वापसी' जैसी कविताओं का निहितार्थ खुल सकता है। उनके धार्मिक या दार्शनिक सम्बन्ध अपेक्षाकृत ज़्यादा जटिल हैं, जैसा कि उनकी कोजितो सीरीज़ वाली कविताओं में है। फिर भी मैं यह कह सकता हूँ कि यदि थोड़ा-सा अध्यवसाय किया जाये, तो हेर्बेर्त की ज़रूरी कविताओं का हिन्दी में बहुत अच्छी तरह अनुवाद हो सकता है।

इन कठिनाइयों से पार पाने के लिए आपने क्या युक्ति की?

मेरे दिमाग़ में आमतौर पर कोई युक्ति या अनुवाद का कोई विशेष सिद्धान्त नहीं था। हर कविता के साथ उसकी विशिष्टता में व्यवहार करना ही सबसे बड़ी युक्ति है। फिर भी दिमाग़ के किसी कोने में संस्कृति और दर्शन का इतिहास जैसी चीज़ें थीं, और कई ऐसे शब्द थे, जिनमें ताज़ा या दूरस्थ अतीत की स्मृतियाँ होती हैं। उन्हीं ऐतिहासिक अनुभवों को सम्प्रेषित करने के लिए हिन्दी में ऐसे शब्दों को ख़ास तरह से संवेदित किया जा सकता है। भारत का इतिहास बेहद लम्बा और विविध रहा है। यह सम्भव है कि अपेक्षाकृत छोटे अतीत वाले ऐतिहासिक अनुभवों को सम्प्रेषित करने के लिए यहाँ से शब्द पाये जा सकें। इस क़िस्म की एक उम्मीद ने हेर्बेर्त का अनुवाद करने में मेरी मदद की। संक्षेप में कहूँ कि कविता के मूल का स्पर्श पाने के लिए मैंने वाक्यों से ज़्यादा शब्दों और वाक्य-विन्यास पर भरोसा किया।

कुछ कविताओं के अनुवाद के लिए मैंने उस पद्धति का प्रयोग किया, जो मैंने कभी प्रो. मारियोला ओफ्रेदी के सहयोग से इतालवी कवियों मोन्ताले, उंगारेत्ती, और क्वासीमोदो के अनुवाद के लिए की थी। सबसे पहले मैंने मूल कविताओं के सस्वर पाठ को टेप कर लिया, ताकि मैं उनकी ध्वनि का अहसास कर सकूँ। फिर, हमने व्याकरण की ग़लतियों की चिन्ता किये बगैर शब्द-दर-शब्द अनुवाद करके एक ऐसा पाठ बना लिया, जिस पर हम काम कर सकते थे। इस तरह एक नमूना बनाकर हम उस पर काम करते थे और जहाँ ज़रूरत पड़े, अंग्रेज़ी अनुवाद की मदद भी ले लेते थे।

परन्तु इस पद्धति में भी कई बार परिष्कार करना पड़ा। रूज़ेविच का कैसे अनुवाद किया जाये, इसके कुछ उपयोगी संकेत मुझे रूज़ेविच के ही साक्षात्कार से मिले, जो कि अस्सी के दशक में चेर्नियाव्स्की ने किया था (वह पेंगुइन द्वारा प्रकाशित व डेनियल वाइसबोर्ट द्वारा सम्पादित 'द पोएट्री ऑफ़ सरवाइल' में छपा था)। एक सवाल में चेर्नियाव्स्की ने अध्ययन के आधार पर एक राय रखी थी, "मैं अक्सर आपकी कविताओं के ऐसे अंग्रेज़ी अनुवाद देखता हूँ, जो दरअसल शब्दानुवाद होते हैं। वे प्रभावकारी नहीं होते। सम्भवतः आलोचक से ज़्यादा एक अनुभवी अनुवादक यह ताड़ जाता है कि यहाँ कला के ऊपर कला का मुखौटा चढ़ाया गया है।" इस बात ने मुझे सावधान कर दिया। रूज़ेविच की कविताएँ आपको लुभाती हैं कि उनका शब्द-दर-शब्द अनुवाद किया जाये, लेकिन उसके कई ख़तरे होते हैं। उनकी कविताओं की ऊपरी सरलता को कलाविहीन फॉर्म की तरह देखना एक ग़लत पाठ होगा। फिर कौन-सा तरीक़ा अपनाया जाये? इस इण्टरव्यू में इस सवाल से थोड़ा पहले ही रूज़ेविच कहते हैं, "सबसे महत्त्वपूर्ण है अन्दरूनी ऊर्जा, कविता का सामान।" यह थोड़ी अमूर्त बात थी, लेकिन अनुवाद, ख़ासकर रूज़ेविच की कविता का अनुवाद करने के लिए यह एक अचल मार्गदर्शक बात है। वह आगे कहते हैं, "फॉर्म को अन्ततः ओझल हो जाना होता है, उसे पारदर्शी हो जाना होता है, उसे कविता के विषय के साथ एकमेक हो जाना होता है।" उनकी कविता में

'सिचुएशन्स' बेहद महत्त्वपूर्ण हैं। वह कहते हैं, "मेरी कविताएँ सूक्ष्म नाटकीय चित्र बनाती हैं। ये दार्शनिक कविताएँ नहीं हैं। वे अपने काव्य-पदार्थ के साथ सोचती हैं, वे छवियों में सोचती हैं...उनमें कोई सिचुएशन या छवि मेरे लिए सोचती है।" यहाँ एक सावधानी आपको निश्चित ही यह बताती है कि कविता का फॉर्म इतना आर्टलेस है कि वह ज़ाहिर ही कई धोखादेह सरलताएँ साथ लिए चलती होगी। अगर उसे ऊपरी तौर पर ही अनुवाद कर दिया जाये, तो वह बेहद संकीर्ण हो सकती है। साथ ही, रूज़ेविच की सारी कविताएँ परफेक्शन को नहीं छूतीं, उनकी सर्वश्रेष्ठ कविताएँ ही छूती हैं। तो ऐसे में इस बात से बचना था कि महज़ उन्हीं कविताओं को न चुना जाये, जो अनुवाद में आसान हों।

निर्वासन को भी भिन्नता की तरह देख सकते हैं, जिससे अनुवाद के लिए 'युक्ति' मिल सकती है। पोलिश साहित्य में तो कई प्रतिभावान लेखकों ने निर्वासन और आत्म-निर्वासन में रहते हुए लेखन किया है। कॉनरेड और मिकिएविच अगर पुराने समय के उदाहरण हैं, तो बीसवीं सदी में मीवोश (दूसरी कलाओं में रोमन पोलन्स्की का नाम लिया जा सकता है) जैसे कवि हैं, जिन्होंने पहले दूसरे विश्वयुद्ध की विभीषिका झेली, उसके बाद साम्यवादी पूर्वी यूरोप की। निर्वासन का अनुभव अलग है और दूसरी संस्कृतियों का आपकी ज़मीन पर आकर बस जाना, घुल-मिल जाना बिल्कुल अलग अनुभव है, जैसा कि भारत के सन्दर्भ में है। लेकिन मेरा मानना है कि दोनों ही अनुवाद के लिहाज़ से साहित्यिक अवसर हैं। यह एक जटिल मुद्दा है, लेकिन जिस तरह मीवोश विभिन्न सांस्कृतिक लयों का संवेदनशील एकीकरण करते हैं, फिर एक विशेष संस्कृति में रची-बसी मानवता की संवेदनशील अभिव्यक्ति के साथ उसका सन्तुलन करते हैं—यह भी इस बात को प्रभावित करता है कि आप पोलिश साहित्य के अनुवाद के प्रति क्या रुख़ अपनाएँ।

क्या आपको कुछ ऐसे टेक्स्ट भी मिले, जिनका अनुवाद सम्भव नहीं था। यदि हाँ, तो वे कौन-सी चीज़ें थीं, जिनके कारण आपने माना कि इनका अनुवाद सम्भव नहीं?

मेरे ख़याल से ऐसी कई कविताएँ थीं, जो पूरी तरह 'संस्कृति-केन्द्रित' थीं या उन कविताओं की बसाहट पूरी तरह से पोलिश भाषा की निजी ध्वनियों, तेवर और स्वभाव में थी। यदि उन्हें उनके स्वाभाविक भाषाई आवास से उखाड़कर दूसरी भाषा में प्रत्यारोपित किया जाता, तो यक़ीनन वे बेजान हो जातीं। उदाहरण के तौर पर उर्दू कविता को देखें, वह 'शेर' और 'ग़ज़ल' के फॉर्म से किस शिद्दत से जुड़ी हुई है। उसका 'फॉर्म' और 'कंटेंट' दोनों आपस में अखण्ड हैं। ठीक वैसा ही फॉर्म दूसरी भाषा में खोज पाना बेहद मुश्किल है। ग़ालिब का अंग्रेज़ी में अनुवाद हुआ है, लेकिन उसके बाद भी मेरा मानना है कि ग़ालिब का जो बेहद ज़रूरी हिस्सा है, उसका अनुवाद नहीं किया जा सकता। शायद ही अंग्रेज़ी में उनका 'अन्दाज़-ए-बयां' लाया अथवा पाया जा सके। कविता का अर्थ तो समझ में आ जाता है, लेकिन उसका भाव खो जाता है। उमर ख़य्याम का भी अंग्रेज़ी में अनुवाद हुआ है, लेकिन फॉर्म और कंटेंट के लिहाज़ से वह लगभग पुनर्सृजन है। हायकू जैसे कुछ फॉर्म हैं, जो दूसरी भाषा में जाकर नया जीवन पा जाते हैं। वे अच्छे लग सकते हैं, लेकिन नयी भाषा में उनका पहनावा और रुख़ अलग हो जाता है। निजी तौर पर मैं मानता हूँ कि ऐसी कविताओं का अनुवाद करते समय अगर अपनी युक्तियों या तरीक़ों में ज़रा बदलाव लाया जाये, उनके वाक्यों की रचना-संरचना को बदलकर प्रस्तुत किया जाये, तो वे अनुवादित भाषा में ज़्यादा सुग्राह्य हो सकती हैं। एक कवि-अनुवादक शायद इस काम को ज़्यादा ख़ूबसूरती से कर सकता है। इसमें यह ख़तरा है कि कवि-अनुवादक की निजी शैली कविता में स्पष्ट दिखने लग जाये, लेकिन अन्ततः यह मूल

कविता के लिए ही लाभकारी होगा। मीवोश और चेर्नियाव्स्की के अनुवादों के फ़र्क़ को देखने पर मेरी बात आसानी से समझ में आ जायेगी। चेर्नियाव्स्की मूल कविता में ज़्यादा घुसपैठ नहीं करते, लेकिन मीवोश का 'कवि' उनके 'अनुवादक' पर हावी हो जाता है।

कई बार माना जाता है कि अनुवाद करना यानी लक्ष्य-भाषा में नया लेखन करना है। क्या कभी आपकी अपनी कविताओं के अनुवाद पढ़कर लगा कि ये अब एकदम परायी-जैसी हो गयी हैं? संरचना, लय, विन्यास, अर्थ–इनमें से कौन-सी चीज़ अजीब लगी?

बहुत दिलचस्प प्रश्न है, लेकिन अगर एक-एक कविता के बारे में बात करूँ, तो बेहद लम्बा जवाब होगा। मेरे ख़याल से थीम, भाषा या अर्थों के बजाय यह बात व्यक्तिगत तौर पर अनुवादक व कविता-विशेष से जुड़ी होती है। मुझे पता है कि मेरी कविताएँ अनुवाद के लिए आसान नहीं हैं। मैं यह बात उस तरह से कह रहा हूँ, जैसी ऊपर मैंने हेर्बेर्त के बारे में कही, उस तरह से नहीं, जैसी उर्दू कविता के बारे में कही। कई बार कविताओं के भीतर ही कुंजी होती है कि उन्हें किस तरह अनुवाद किया जाये, कि नयी भाषा में जाने पर उनमें परायापन आ जायेगा या वे एक नये क़िस्म का जीवन पा जायेंगी। यह इस बात पर भी निर्भर करता है कि अनुवादक उन्हें नया जीवन देने के लिए कितने प्रयास कर रहा है। इस पर भी कि कविता ख़ुद को अनुवाद के लिए प्रस्तुत भी कर रही है अथवा नहीं।

हिन्दी और उर्दू के अलावा सिर्फ़ अंग्रेज़ी ही ऐसी भाषा है जो मुझे ठीक से आती है। मेरी कई कविताएँ इतालवी, पोलिश और जर्मन में अनूदित हो चुकी हैं। मैं उन अनुवादों के बारे में कुछ नहीं कहूँगा क्योंकि मुझे वे भाषाएँ नहीं आतीं। लेकिन मैंने लोगों से सुना है कि वे अनुवाद अच्छे हैं। यदि मित्रों के सहयोग से किये गये पोलिश साहित्य के अपने अनुवादों को मैं इस बात से जोड़ूँ, तो इतना कह सकता हूँ कि यूरोप महाद्वीप की अन्य भाषाएँ, अंग्रेज़ी के मुक़ाबले, अपने तेवर और संरचना में हिन्दी के ज़्यादा क़रीब हैं। किन्तु मैं एक सम्पूर्ण टिप्पणी तब तक नहीं कर सकता, जब तक मैं उन भाषाओं को बेहतर तरह से न जान लूँ।

जहाँ तक मेरी कविताओं के अंग्रेज़ी अनुवाद की बात है, मेरा अनुभव दिलचस्प और विविध रहा है। डेनियल वाइसबोर्ट को हिन्दी नहीं आती, लेकिन मेरी कविताओं के अंग्रेज़ी अनुवादों पर उनके सुझाव बेहद उपयोगी रहे। रूपर्ट स्नेल के अनुवाद बेहद शानदार रहे। हिन्दी कविता की परम्परा से अच्छी तरह वाक़िफ़ होने के कारण उन्हें मेरी कविताओं के कई पहलुओं को समझने में मदद मिली। अंग्रेज़ी उनकी मातृभाषा है, लेकिन हिन्दी का उनका ज्ञान भी मातृभाषा जैसा ही है। लूसी रोज़ेन्स्टीन की मातृभाषा अंग्रेज़ी नहीं है, लेकिन हम एक ग्लोबल युग में रहते हैं, जहाँ कई तरह की अंग्रेज़ी चलती है, तो उनके अनुवादों ने एक ख़ास तरह का अन्तरंग प्रकोष्ठ निर्मित किया। हिन्दी भाषा और कविता के प्रति उनकी संवेदनशीलता क़ाबिले तारीफ़ है। गिरधर राठी, आलोक भल्ला या मेरे बेटे अपूर्व जैसे भारतीय अनुवादक, जो हिन्दी और अंग्रेज़ी में समान रूप से सहज हैं, इनके अनुवादों ने सन्तुलन का एक नया आयाम स्थापित किया। मैंने अपनी कविताओं के अनुवाद ख़ुद अंग्रेज़ी में करने की कोशिशें कीं, लेकिन वैसी कोशिशों में मैं हर बार अंग्रेज़ी में एक नयी कविता रच देता। कई बार तो अपनी मूल कविता से एकदम अलग। तो ये सारे अनुभव बहुत अलग क़िस्म के रहे।

साथ ही साथ, इस बात से बेहद फ़र्क़ पड़ता है कि मूल हिन्दी में कविता कैसी है। रघुवीर सहाय की कविता देखें, तो लगेगा कि ये बेहद सरल हैं, लेकिन उनका विन्यास बेहद जटिल है,

कई जगहों पर बेहद घुमावदार। उनकी कविताओं के अर्थ हिन्दी बोले जाने के तरीक़े से जुड़े हैं। उनकी कविता के एक सार्थक अनुवाद को सबसे पहले संरचनात्मक स्तर पर उससे मुठभेड़ करनी होगी और लक्ष्य भाषा में भी उस संरचना का एक स्वीकार्य नमूना बनाना होगा। केदारनाथ सिंह और मंगलेश डबराल की कविताएँ अनुवाद के लिहाज़ से अपेक्षाकृत आसान हो सकती हैं क्योंकि वे अनुभूत व परिचित स्थितियों, घटनाओं, नामों और जगहों को सम्बोधित करती हैं। यह ऐसा काव्यात्मक उपकरण है, जो पश्चिमी कविताओं में प्रचलित है। लेकिन बाक़ी हिन्दी कविता, जिसकी जड़ें इतिहास, मिथ, नीतिशास्त्र, दर्शन व धर्म आदि से जुड़ी हुई हैं, उन्हें एक अलग काव्यात्मक रुचि की दरकार होगी। इस रुचि को महज़ आधुनिक या समकालीन के दायरे में नहीं बाँधा जा सकता। यह वैसी ही कठिनाई है, जिसका ज़िक्र मैंने रूज़ेविच और हेर्बेर्त की कविताओं के अनुवाद के सन्दर्भ में किया है। इन कवियों के अनुवाद में काव्यात्मक अनुभव के विस्तार के लिए एक ख़ास तरह के ईसाई दृष्टिकोण को अपनाना होता है।

अपनी कविताओं के जो अनुवाद मुझे पसन्द आये हैं, उनमें मुझे लगता है कि रचनात्मक सन्तुलन की बेहद महत्त्वपूर्ण भूमिका रही है। इस सन्तुलन से यह सुनिश्चित होता है कि कविता नयी भाषा में जाकर न तो 'अजीब' लगती है और न ही कविताविहीन लगती है। कविता के एक आयाम को पाने के लिए किसी दूसरे आयाम से समझौता करना पड़ सकता है—जैसे दृश्यात्मक लय के लिए भाषाई लय का खो जाना। यह पूरी तरह अनुवादक पर निर्भर करता है कि मूल के प्रति वफ़ादारी, हस्तक्षेप और पुनर्रचना की आज़ादी के बीच सन्तुलन बनाने के लिए किस तरह के जतन करता है। अगर कोई अनुवाद बिना सोचे-समझे सिर्फ़ मूल के प्रति वफ़ादारी पर ही आधारित है, तो यक़ीनन वह अनुवाद 'अजीब' लगेगा। यदि मूल कविता में ख़ूब जोड़-घटाव करके उसे नयी भाषा में एक नयी कविता की तरह 'दिखाने' की कोशिश की जाये, तो वहाँ उसकी मूल-निष्ठा प्रभावित हो जायेगी।

ज़ाहिर है, अनुवाद के लिए अलग-अलग तरीक़े प्रचलन में हैं। कुछ लोग मानते हैं कि अनूदित कविता ऐसी होनी चाहिए कि पढ़ने पर लगे, यह लक्ष्य-भाषा में ही लिखी गयी है। कुछ अन्य लोग यह मानते हैं कि अनूदित कविता के भीतर से मूल कविता हमेशा झाँकती रहनी चाहिए। दोनों ही क़िस्म की अति, मेरी राय में, एक क़िस्म का अड़ियल रवैया होता है। मेरे ख़याल से, दोनों के बीच हमारा चुनाव जितना कविता पर निर्भर करता है, उतना ही रचनात्मक समझौतों पर भी। ठीक यहीं पर अनुवादक की भूमिका बेहद रचनात्मक हो जाती है, और कहीं ज़्यादा कल्पनाशील भी।

(अंग्रेज़ी साक्षात्कार का अनुवाद—गीत चतुर्वेदी)

अनुवाद की बड़ाई में
या 'इन प्रेज़ ऑफ़ ट्रांसलेशन'

गीत चतुर्वेदी

हर भाषा में एक आदि-कवि खोजा जाता है। पता नहीं, वही आदि-कवि होता भी है या नहीं, लेकिन प्राप्त साक्ष्यों के आधार पर (जैसे कि साक्ष्य हमेशा सच ही होते हों) मान लिया जाता है। ज्ञात इतिहास की पहली कवि सुमेरिया की राजकुमारी एनहेदुआना को माना जाता है, जिसने ईसा से 2300 साल पहले भजन लिखे थे। ईसा-पूर्व काल में ही होमर की श्रेष्ठता इस क़दर निर्विवाद थी कि अब भी कई लोग उसे ग्रीक का पहला कवि मान लेते हैं। वाल्मीकि को संस्कृत का आदि-कवि माना जाता है। कुछ लोग अमीर ख़ुसरो को हिन्दी या हिन्दवी का पहला कवि मानते हैं।

मैं अक्सर सोचता हूँ कि मेरी भाषा का पहला अनुवादक कौन रहा होगा? या इस दुनिया का पहला अनुवादक? होमर ने जो सबकुछ ग्रीक में लिखा, उसे रोमन में किसने पढ़वाया होगा? वर्जिल ने होमर को किसके अनुवाद में पढ़ा होगा? वाल्मीकि के समय में भी संस्कृत सभी को नहीं आती थी, फिर आख़िर किसने उनकी कविताओं को प्राकृत, पैशाची या दूसरी भाषाओं में अनुवाद कर व्यापक किया होगा? कालिदास संस्कृत में लिखते थे, लेकिन उनके जीवन-काल में ही उनके छन्द तत्कालीन लोकभाषाओं में गाये जाने लगे थे, तो किसने उनका रूपान्तर किया था?

प्राचीन इतिहास में कहीं ऐसे किसी व्यक्ति का नाम नहीं मिलता। कृतियाँ बची रहीं, कवि भी खोज लिये गये, कुछ शुबहे हमेशा बने रहे कि यह कृति फलाँ ने नहीं, फलाँ की लिखी लगती है, फिर भी मोटे तौर पर लेखकों के नाम पर एक आम सहमति बन गयी, लेकिन कहीं किसी अनुवादक का ज़िक्र नहीं। अनुवादक खो जाने को अभिशप्त रहता है। पहले वह अनुवाद्य रचना में खोता है, फिर वह समय में खो जाता है।

यह बात तो साहित्यिक कृतियों की है, पूरे जीवन की नहीं। साहित्य के अलावा जीवन के बाक़ी कार्य-व्यवहार ज़्यादा बड़े थे। जब सभ्यताएँ एक-दूसरे से नया-नया सम्पर्क स्थापित कर रही थीं, इशारों में बातें कर रही थीं, तब वह कौन-सा पहला व्यक्ति रहा होगा, जिसने अपनी भाषा के अलावा दूसरी संस्कृति की भाषा भी सीखी होगी? कौन था वह पहला दुभाषिया, जो अपनी बात दूसरे शब्दों में भी कह सकता था?

इतिहास में रक्तपात, युद्ध, भाषाएँ, कविताएँ, साहित्य, दर्शन और शास्त्रार्थ तो मिलते हैं, अनुवादक नहीं मिलता। बिना अनुवाद के कोई लेखक व्यापक नहीं हो पाता। यूँ कहें—बिना अनुवाद के कोई विचार, कोई अनुभूति व्यापक नहीं हो पाती, लेखक तो विचार के सामने बहुत छोटा है। अनुवाद न होता, तो हम होमर, दान्ते, सरवान्तीस, शहरज़ाद को न जानते। अनुवाद न होता, तो वे बुद्ध, रूमी, ख़ुसरो, कालिदास, ग़ालिब को न जानते। अनुवादक मूल के जल में चीनी के दानों की तरह घुल जाता है।

अनुवाद का इतिहास सम्भवतः उतना ही पुराना है, जितना मनुष्य की भाषा का इतिहास। युद्ध और व्यापार के लिए दूसरों की भाषाएँ जानना ज़रूरी थीं, और इससे शुरुआती दुभाषियों का जन्म हुआ। सुमेर और बेबीलोनिया के संघर्ष में दुभाषियों की बड़ी भूमिका थी। दो अलग-अलग भाषाओं में संवाद और युद्ध करने वाले राजाओं को इतिहास ने याद रखा, लेकिन उनके बीच के संवाद को सम्भव बनाने वाली कड़ी को इतिहास याद न रख सका। सिर्फ़ दुभाषिए ही नहीं, इतिहास की इस स्मृतिहीनता के शिकार और भी कई वर्ग हुए हैं। इस रूप में इतिहास, 'चयनित अवधारणात्मक स्मृतियों' से अधिक कुछ नहीं कहला पाता।

अनुवाद में बौद्धों का योगदान हमेशा दिखाई पड़ता है। बौद्ध रचनाएँ पालि, संस्कृत व अन्य समकालीन प्राकृत में रची गयीं और अन्य भाषाओं में उनका अनुवाद भी हुआ। ईसा की पहली सदी से ही बौद्ध सूत्रों के चीनी अनुवादों के साक्ष्य मिलने लगते हैं। बौद्ध इतिहास के सबसे मान्य प्राचीन अनुवादक कुमारजीव चौथी सदी के थे। उनका जीवन बड़ा रोचक व संकटग्रस्त रहा, लेकिन वह जिस राजा के पास रहे, उसने उन्हें इतनी सुविधाएँ प्रदान कीं कि कुमारजीव इत्मीनान से अनुवाद कर सकें। कुछ ऐसी ही सुविधाएँ सातवीं सदी में ह्वेनसांग को भी मिली थीं। चीनी राजाओं ने आरम्भ में ही अनुवाद के महत्त्व को समझ लिया था और उन्होंने अपने अनुवादकों को विशिष्ट दर्जा दिया था।

अनुवाद और अनुवादक का महत्त्व पहली सहस्राब्दी के अन्तिम वर्षों में कमोबेश रेखांकित होता है। संस्कृत के पुराने कवि तो अपनी रचनाओं में अपना नाम तक देने से हिचकिचाते थे, बड़े छन्दबद्ध और परोक्ष तरीक़े से अपने बारे में थोड़ा-बहुत बताते थे, इसलिए यह उम्मीद करना कि रचना से इतर, रचनाकार-व्यक्तित्वों के बारे में, ज़्यादा बतायेंगे, संगत नहीं लगता। वैदिक संस्कृत में तो रचनाकार के बारे में भी नहीं पता चल पाता। यह अवधारणा हमें संस्कृत साहित्य ने ही दी कि काव्य को महत्त्व दो, काव्यकार को नहीं। क्लासिकल संस्कृत के युग में इसमें बदलाव आया। कई टीकाकार जन्मे, जिन्होंने अपनी रचनाओं में पूर्ववर्ती या समकालीन कवियों के बारे में जानकारियाँ दीं। हालाँकि, उनमें भी वह पारम्परिक हिचक बनी रही। संस्कृत के लगभग सभी कवियों ने अपनी रचनाओं में अपने पूर्ववर्ती कवियों की रचनाओं को उद्धृत किया, उनमें से प्रसंग उठाये, किन्तु वह सब रचना के दायरे में ही रहा, उसमें अनुवाद कहीं नहीं दिखता। जो भी कुछ दिखता है, वह पुनर्रचना है। तो ऐसे में यह पता करना भी बेहद मुश्किल काम है कि हमारे यहाँ सबसे पुराना अनुवाद कौन-सा है।

इस सन्दर्भ में मैं गुणाढ्य की 'बृहत्कथा' के आसपास थोड़ा भटकने की अनुमति लूँगा। गुणाढ्य का अनुमानित रचनाकाल ईसा से 200 साल पहले से लेकर सन् 80 ईस्वी के बीच कहीं माना जाता है। उसने प्राचीन पैशाची भाषा में 'बड्डकहा' लिखी थी, जिसके कई संस्कृत रूपान्तर हुए और उसे 'बृहत्कथा' कहा गया। इस पुस्तक का खोना भारतीय साहित्य का सबसे बड़ा नुक़सान है। इस किताब ने संस्कृत साहित्य को बहुत गहरे तक प्रभावित किया था। दण्डी, भास, भारवि, बाण, भवभूति जैसे प्रमुख रचनाकारों ने भी इस पुस्तक से प्रभाव ग्रहण किया। जो लोग संस्कृत भाषा पर 'हेजमॉनिक' व्यवहार का आरोपण करते हैं, उन्हें स्मरण करना चाहिए कि संस्कृत साहित्य, अपने समावेशी स्वभाव में, एक महत्त्वपूर्ण प्रभाव उस पुस्तक से ग्रहण करता है, जो पैशाची जैसी बिल्कुल आम बोलचाल की भाषा में लिखी गयी थी और सम्भ्रान्त वर्ग जिसे ज़रा नीची निगाह से देखता था।

एक कहानी की मानें, तो गुणाढ्य जिस राजा सातवाहन के यहाँ काम करता था, उसने गुणाढ्य के शिष्यों की मदद से उस पुस्तक का अनुवाद अपनी प्राकृत भाषा में करवाया था, लेकिन ऐसा सिर्फ़ कहानी के भीतर ही मिलता है।

ग्रन्थों में उल्लेख है कि छठी सदी में, वर्तमान दक्षिणी कर्नाटक के राजा व कवि दुर्विनीत ने इसका पहला संस्कृत अनुवाद (या रूपान्तर) किया था, किन्तु वह भी अप्राप्य है। दुर्विनीत का उल्लेख-मात्र है। 'बड्डकहा' के जिन अनुवादों या रूपान्तरों के बारे में जानकारी है, उनमें सबसे पुराना है 'वासुदेवहिंडी' यानी वासुदेव की यात्राएँ। सातवीं सदी में हुआ यह रूपान्तर पैशाची से, किंचित उच्चस्थ, प्राकृत में किया गया था। इसका आधा अनुवाद जैन-विद्वान संघदासगणि ने किया था और दो सदी बाद उन्हीं के वंशज धर्मदासगणि ने इसे पूरा किया था। इन दोनों ने मूल पुस्तक के नायक नरवाहनदत्त की यात्राओं को बदलकर श्रीकृष्ण के पिता वासुदेव की यात्राएँ कर दिया। यह भी उल्लेख मिलता है कि नौवीं या दसवीं सदी में इसका तमिल अनुवाद या रूपान्तर कोंगुवेलीर वंश द्वारा किया गया था।

उसके बाद इसके सबसे ज़्यादा अनुवाद संस्कृत में मिलते हैं। नेपाल के संस्कृत कवि बुधस्वामी का 'बृहत्कथाश्लोकसंग्रह' शायद सबसे पुराना (दसवीं सदी) है, किन्तु इसके कुछ ही अंश मिलते हैं। इसके बाद क्षेमेन्द्र की 'बृहत्कथामंजरी' और सोमदेव की 'कथासरित्सागर' हैं। दोनों ग्यारहवीं सदी के हैं। 'कथासरित्सागर' कहीं ज़्यादा विस्तृत, सरस और लोकप्रिय है। लेकिन चूँकि मूल 'बड्डकहा' का कोई पाठ अब शेष नहीं है, इसलिए यह कह सकना कि ये सब अनुवाद ही थे, पूरी तरह सही नहीं ठहरता। हो सकता है कि ये अनुवाद के बजाय, 'बड्डकहा' के मूल पाठ के आधार पर, एक नयी रचना हों। इनके लेखक और परवर्ती विद्वान तो ऐसा ही भान कराते हैं।

इसके पहले 'रामायण' और 'महाभारत' जैसी कृतियों का अन्य भारतीय भाषाओं में अनुवाद या रूपान्तर हो चुका था, जैसे पेरुन्देवनार ने नौवीं सदी में 'महाभारत' का तमिल अनुवाद कर दिया था, जिसकी कुछ ही पंक्तियाँ मिलती हैं। कन्नड़ में सातवीं सदी में ही 'महाभारत' के हिस्से मिल जाते हैं।

लेकिन मैं अपनी बात का आधार गुणाढ्य की 'बड्डकहा' को बनाऊँगा, जिसके टैक्स्ट का सम्बन्ध ईश्वरीय अवतारों व भक्ति-भाव से नहीं है। यह आधार मैं महज़ तर्कणा की सुविधा के लिए बना रहा हूँ, क्योंकि अब भी हमें यह नहीं पता है कि 'मूल से पहला अनुवाद' कौन-सा था। हालाँकि यह तर्क 'रामायण' व 'महाभारत' जैसे टैक्स्ट पर भी लागू हो सकता है और आज की तमाम रचनाओं पर भी।

यह माना जाता है कि दुर्विनीत या संघदासगणि या कोंगुवेलीर या बुधस्वामी या क्षेमेन्द्र या सोमदेव ने गुणाढ्य की किताब का अनुवाद अपने-अपने तरह से, स्वछन्दतापूर्वक रूपान्तर-पुनर्रचना की कोटि में जाते हुए, किया। एक ऐसी किताब का अनुवाद, जो थी तो सही, लेकिन जो अब कहीं नहीं है।

तथ्यों के साथ-साथ इनमें मौजूद कथाओं पर भी गौर करें, तो पता चलता है कि 'बड्डकहा' लिखने के बाद खुद गुणाढ्य ने ही उसे जला दिया था, सिर्फ़ एक अंश बचा था, फिर अनुवाद कैसे हो गया?

और कथाएँ मानें, तो 'बड्डकहा' की रचना गुणाढ्य ने कहाँ की थी, बल्कि उसने तो श्रवण का अनुवाद लेख में किया था। उसने वह कथा काणभूति नामक एक पिशाच से सुनी थी।

काणभूति ने भी उस किताब या कहानी की रचना खुद नहीं की थी, उसने श्रवण का अनुवाद श्रवण में किया था। उसने वररुचि से वह कहानी सुनी थी।

वररुचि ने भी उस कहानी या किताब की रचना ख़ुद नहीं की थी, बल्कि उसने तो अपनी पूर्वजन्म की स्मृति का अनुवाद वाणी में किया था। पिछले जन्म में उसने संयोग से शिव के मुख से वह कहानी सुन ली थी, श्रवण का अनुवाद स्मृति के रूप में करते हुए।

क्या शिव ने उस कहानी की रचना की थी या किसी तोते, मैना, चर, अचर, किसी और से

ही, वह कहानी सुन ली थी? यह किसी को नहीं पता। (भारतीय संस्कृति के हिन्दू पक्ष की एक बड़ी विडम्बना यह है कि कोई भी बिन्दु पकड़कर किसी भी बात की पड़ताल करने भीतर, और भीतर जाओ, तो उसके मूलाधार में कोई एक देवता या ईश्वर, आलथी-पालथी मारकर या पद्मासन में, बैठा मिलेगा। वह डेड-एंड है। वह देवता और भीतर नहीं जाने देता। इसीलिए हमारे यहाँ सारे प्रश्न अन्ततः देवतामूलक हो जाने के सांस्कृतिक अभिशाप से ग्रस्त हैं।)

इतनी सारी बातों के पीछे मेरे कहने का आशय यह है कि जिस किताब का सदियों तक अनुवाद पर अनुवाद, रूपान्तर पर रूपान्तर होता रहा, वह किताब भी अपने मूल रूप में एक अनुवाद ही थी—स्मृतियों का अनुवाद। निजी स्मृति व सार्वजनिक स्मृति के रूपान्तरों से हुआ अनुवाद। स्मृति, श्रवण का अनुवाद है। श्रवण, वाचा का अनुवाद है। वाचा, सोच का अनुवाद है। सोच, दृश्य का अनुवाद है। सोच, अ-दृश्य का भी अनुवाद है। सोच में सबकुछ समाहित है। स्मृति भी और कल्पना भी। कल्पना भी एक स्मृति है। स्मृति भी एक कल्पना ही है। तो, रचने की यह पूरी प्रक्रिया एक क़िस्म का अनुवाद-चक्र है। ऐसा चक्र, जो स्मृति से शुरू होकर, सोच के जरिए, वापस स्मृति तक पहुँच जाता है।

सोचना अ-भाषा में घटित होता है। रचना भाषा में घटित होती है। तो हर रचना, दरअसल, अ-भाषा से भाषा में किया गया अनुवाद है।

लोग कहते हैं, अनुवाद भी एक रचना है। मेरा मानना है, हर रचना दरअसल एक अनुवाद है।

कोई भी लेखक मौलिक नहीं है। मूल किसी लेखक के पास नहीं है। लेखक सिर्फ़ भाषा का एक शब्द है। लेखक नाम की कोई परिघटना होती ही नहीं। लेखक की मौत का सिद्धान्त फिट नहीं बैठता। क्योंकि जब लेखक है ही नहीं, तो उसकी मौत कहाँ से आयेगी? जो लिख दे, वही लेखक है। हर व्यक्ति कुछ न कुछ लिख लेता है, कोई व्यक्ति यदि काग़ज़ पर अपना नाम भी लिख ले, तो हिन्दी-संस्कृत भाषाशास्त्र के शब्दार्थ-नियमों के अनुसार, वह लेखक है, लेकिन अनुवाद हर व्यक्ति करता है। अपनी-अपनी तरह से अनुवाद। पारम्परिक अर्थों में हर कोई लेखक नहीं है, लेकिन हर कोई अनुवादक ज़रूर है।

अ-भाषा से भाषा में अनुवाद करे, तो लेखक माना जाता है। एक भाषा से दूसरी भाषा में अनुवाद करे, तो अनुवादक माना जाता है।

अ-भाषा भी एक भाषा होती है। और कोई करे न करे, कम से कम लेखक इस बात को शिद्दत से महसूस करते होंगे, जब एक अबूझ-सी पंक्ति उनके मन में गूँज रही होती है, वे उसकी अनुभूति कर उससे बेचैन हो रहे होते हैं, किन्तु वे उसे लिख नहीं पाते। ठीक उस समय, अ-भाषा का अस्तित्व अनुभूत होता है, वह पकड़ में जो नहीं आ रही होती। पकड़ में आते ही वह भाषा में बदल जाती है।

* * *

मैंने एक भाषा से दूसरी भाषा में कई अनुवाद किये हैं। अनुवाद-कर्म मुझे बेहद प्रिय है। एक समय चीनी कवि बेई दाओ के अनुवाद में मैं इस तरह उलझा हुआ था कि मैं अपना एक लेख, ठीक कर, समय से एक मित्र सम्पादक को नहीं दे पाया। तग़ादा करते हुए उस मित्र ने ताना कसा, 'कुछ अपना भी लिख लो, वरना ज़िन्दगी-भर सिर्फ़ अनुवादक बनकर रह जाओगे।' आमफ़हम-से इस ताने ने मेरी स्मृति में यह जाग्रत कर दिया कि हमारी भाषा में अनुवाद एक दोयम क़िस्म का काम माना जाता है। कि जो अपना कुछ लिख नहीं पाता, वह अनुवाद करने लगता है। कि अनुवाद द्वितीय

कोटि की प्रतिभाओं का काम है। कि हर रचनाकार ख़ुद को प्रथम कोटि की प्रतिभा मानता है, फिर वह द्वितीय कोटि का काम भला क्यों करे?

मुझे याद आता है कि अंग्रेज़ी जैसी उन्नत भाषाओं में यह भेद अपेक्षाकृत कम है किन्तु वहाँ भी है। 'अनुवाद-कर्म की दादी माँ' कहलाने वाली कॉन्स्टैन्स गार्नेट से लेकर ग्रेगरी रबासा, एडिथ ग्रॉसमन, अलेस्टेयर रीड, डब्ल्यू. एस. मर्विन या बिल्कुल युवा नताशा विमर जैसे अनुवादकों को ऐसा मान मिलता है कि कई स्वनामधन्य लेखक रश्क करें। किसी रचना के साथ अनुवादक के तौर पर इनका नाम जुड़ जाये, फिर भले मूल लेखक अज्ञातकुलशील हो, यह यक़ीन हो जाता है कि वह दमदार ही होगा। फिर यह भी याद आता है कि सबसे ज़्यादा अनुवाद अंग्रेज़ी में होते हैं और वहाँ भी, एक ही किताब के लिए, मूल लेखक के मुक़ाबले अनुवादक को कम भुगतान किया जाता है। यानी किसी न किसी तरह अनुवाद को दोयम स्तर का मानने के इशारे दे दिये जाते हैं। मैं आर्थिक पहलुओं की बात नहीं करना चाहता, लेकिन कम से कम इतना ज़रूर कहना चाहता हूँ कि रचनात्मक महत्त्व जितना लेखक को दिया जाता है, उतना ही अनुवादक को भी दिया जाना चाहिए।

दोनों में से कोई भी कम श्रम नहीं करता। मूल लेखक निर्बन्ध लेखन करता है। अनुवादक कभी भी निर्बन्ध नहीं हो पाता। अनुवाद ऐसा रचनात्मक लेखन है, जिसमें सबसे ज़्यादा बन्धन हैं। जाहिर है कि ज़्यादा बन्धन के साथ लेखन करना ज़्यादा श्रमसाध्य है। लेखक और अनुवादक दोनों ही एक भाषा से दूसरी भाषा में आवाज़ाही करते हैं। चाहे मूल लेखन कहा जाये या अनुवाद-कर्म, दोनों ही एक क़िस्म से अनुवाद हैं तो एक क़िस्म से मूल लेखन हैं। दोनों में से किसी के महत्त्व को कम न समझा जाये।

दुनिया का बहुत सारा साहित्य हम अनुवाद के जरिए पढ़ते हैं, कभी हिन्दी अनुवाद, तो कभी अंग्रेज़ी अनुवाद। अपने लेखों में, पुस्तकों में हम उनमें से कई बार पंक्तियाँ उद्धृत करते हैं, उनसे कोट्स निकालकर हम फेसबुक, ट्विटर, ब्लॉग जैसे सोशल साइट्स पर लगाते हैं। उनके साथ हम मूल लेखक का नाम तो जोड़ देते हैं, किन्तु अनुवादक के नाम का उल्लेख नहीं करते। क्या न अच्छा हो कि जब भी हम किसी अनूदित कृति से कोई हिस्सा उद्धृत करें, तो मूल लेखक के साथ अनुवादक के नाम का भी उल्लेख ज़रूर करें। यह दुनिया भर के अनुवादकों के प्रति हमारा पाठकीय शुकराना होगा। उस अनुवादक के प्रति, जिसने इतिहास और साहित्य का इतिहास रचने में बेहद महत्त्वपूर्ण भूमिका निभायी, लेकिन जिस इतिहास ने उसे हमेशा उपेक्षित बनाये रखा, जिसे क़ाबिले-ज़िक्र तक न माना गया।

* * *

कुँवर नारायण द्वारा किये गये अनुवादों के विषय में ऐसे शुकराना-आभार आदि का क्या औचित्य हो सकता है? सम्भव है कि कई लोगों को ऊपर के ये कुछ अनुच्छेद इस किताब के साथ जुड़े हुए न लगें, किन्तु ये बातें अप्रासंगिक नहीं हैं।

कवि के रूप में कुँवर नारायण ने एक लम्बा जीवन जिया है। वे इस समय भारत ही नहीं, दुनिया के श्रेष्ठतम कवियों में से एक हैं। भाषाओं के पार भूगोल-भर में मान-सम्मान अर्जित किया है। उनके नाम कविता व गद्य की कई किताबें हैं। उन्होंने पिछले चालीस-पचास बरसों में कई अनुवाद किये, वे पत्र-पत्रिकाओं में, अलग-अलग जगहों पर छपे व प्रशंसित हुए। उनमें से चुनिन्दा कविताओं का यह संकलन इस समय लाना उन सारे कवियों का शुकराना अदा करना है, जिन्होंने कविता की उनकी यात्रा में कभी सहयात्री, तो कभी मार्गदर्शक जैसी भूमिका निभायी। हर कवि एक

लैम्पपोस्ट की तरह रहा। वह चाहते, तो ये अनुवाद पत्र-पत्रिकाओं में पड़े रहते; कभी कोई जिज्ञासु शोधार्थी इन्हें खोजता या नहीं भी खोजता; उनके हमउम्र या उनसे थोड़े कम उम्र के कवि-पाठक, जिन्होंने इन अनुवादों को उस समय छपने के बाद पढ़ा होगा या नहीं पढ़ा होगा, वे कभी आपसी बातचीत में याद कर लेते कि वह कविता...हाँ, कुँवर ने उसका अनुवाद किया था; या सम्भव है कि न भी याद करते—वैसे भी, कुँवर नारायण के बाद की पीढ़ी के हिन्दी कवि एहतियातन ऐतिहासिक विस्मृति के घटाटोप में हैं।

इस पुस्तक का एक दस्तावेज़ी महत्त्व है। यह नयी पीढ़ी को बेटन हैंडओवर करने जैसा है। ऐसे में अनुवाद-कर्म के महत्त्व को रेखांकित करने का आग्रह करना अप्रासंगिक नहीं हो सकता।

यक़ीनन, यह एक कृतज्ञ कार्यवाही है। दुतरफ़ा कृतज्ञ।

* * *

हर श्रेष्ठ कवि ने अपने समय में अनुवाद-कर्म को अपनी रचनात्मकता के महत्त्वपूर्ण अंग की तरह स्वीकार किया है। कवियों में बोर्हेस, मीवोश से लेकर डब्ल्यू. जी. ज़ेबाल्ड तक। गद्यकारों में नबोकफ़ से लेकर मुराकामी तक। कई कवि कह गये कि अनुवाद करना चाहिए, क्योंकि इससे अपनी भाषा पर हमारी पकड़ मज़बूत होती है। लेकिन सिर्फ़ इतना ही नहीं है। अनुवाद करने से सिर्फ़ भाषा ही नहीं, बल्कि किस तरह किसी कवि की काव्यदृष्टि और जीवनदृष्टि बदल जाती है, इसका सबसे अच्छा उदाहरण स्वयं बोर्हेस ही हैं। बोर्हेस ने जब अनुवाद करना शुरू किया, तो मूल रचनाओं से मुठभेड़, अनुवाद की प्रक्रिया, उस दौरान महसूस होने वाली भाषा की बेबसी, व्याकरण व वाक्य-विन्यास की क़ैद में फँसे शब्द जैसी बातों ने उन्हें बेहद परेशान किया। आगे चलकर अपनी कुछ कहानियों और निबन्धों में उन्होंने एक ऐसी भाषा की अवधारणा/कल्पना की, जिसमें कोई व्याकरण ही न हो। जो उड़ान जैसी उन्मुक्त हो। उन्होंने कई जगह अपना चित्रण अनुवादक की तरह किया। परकाया-प्रवेश व स्वकाया-निर्वासन जैसे ठेठ भारतीय दार्शनिक सिद्धान्तों को अपनी रचनाओं का मूलबिन्दु वह अनुवादों के कारण ही बना सके। 'बोर्हेस एंड आय' जैसा विचार अनुवाद की प्रक्रिया का काव्य-रूपान्तरण ही लगता है। विचार, भाषा और अनुवाद का उनके समग्र रचनात्मक व्यक्तित्व पर कितना गहरा प्रभाव था, यह जाहिरा तौर पर उनकी दो कविताओं में दिख जाता है। पहली, अलेस्टेयर रीड द्वारा अंग्रेज़ी में अनूदित कविता, 'टु द जर्मन लैंग्वेज़', जिसमें वह इस आशय की बातें कहते हैं : जर्मन भाषा, मैं तुम्हें, सिर्फ़ तुम्हें चुनता हूँ, ख़ासकर तब, जब शब्दकोश कहीं से भी एक निश्चित अर्थ-भाव की ओर इशारा नहीं करते। मैंने हमेशा अपने प्रियों में वर्जिल का नाम लिया, लेकिन तुम्हें पढ़ने के बाद मैं होल्डरलिन या आंजेलस सिलेसियस का नाम भी ले सकता था। तुम्हारे भीतर वह अन्तर्धारा है, जो जंगलों में या रातों के भीतर बहा करती है। फिर वह वर्तमान में जर्मन भाषा को पहुँच से उतना दूर बताते हैं, जितना बीजगणित या चाँद। दोनों को घटित होते देखा या अनुभव किया जा सकता है, लेकिन ठीक-ठीक पकड़ा नहीं जा सकता। दोनों कठिन का वैभव हैं।

कुछ इसी तरह का रिश्ता वह एक दूसरी कविता में भी दिखाते हैं। 'आ इसलांदिया' यानी आइसलैण्ड के लिए। बोर्हेस की स्पैनिश रचनावली 'ओब्रास कोम्प्लीतास' में संकलित यह कविता अपेक्षाकृत कम पढ़ी गयी व अंग्रेज़ी अनुवाद में लगभग अनुपलब्ध है। इसमें वह आइसलैण्ड के साथ अपने बचपन का सम्बन्ध, वहाँ से निकली लातिन भाषा से खुद का मोह दिखाते हैं। उन्होंने एक सपना देखा है, सपने में एक महिला है, सपने में एक ऐसी भाषा बोली गयी है, जिसे बोर्हेस पढ़ने

की कोशिश कर रहे हैं। भाषा यथार्थ को अनुभूत करने का माध्यम है। बोर्हेस एक भाषा की रचना करने का दुस्साहस कर रहे हैं।

ये दोनों कविताएँ अनुवाद पर एक मेटा-पोएटिकल अनुभव की तरह हैं। एक ऐसा अनुभव, जो पढ़ने और अनुवाद करने के बीच के रिश्ते को अधि-काव्यात्मक तरीक़े से चित्रित करता है। दोनों ही कविताओं में वह भाषा व भाषा-भूखण्ड से काल्पनिक मुठभेड़ करते हैं। बोर्हेस जीवन-भर भाषाओं के मोह में रहे, भाषाओं को तोड़ देने की दीवानगी से भरा हुआ मोह। अंग्रेज़ी, जर्मन, लातिन व एंग्लो-सैक्सन भाषाओं के साथ उनका क़रीबी मानसिक-रचनात्मक सम्बन्ध रहा। जर्मन भाषा, भाषा के भीतर पलती गीतात्मकताओं का परित्याग करने के लिए प्रसिद्ध है। यूरोपीय भाषाओं में जर्मन को कसैली और इसी गीतात्मकता के कारण फ्रेंच को मीठी कहा जाता है। बोर्हेस उस कसैलेपन को अपने लिए त्याज्य नहीं बताते। वह इशारा करते हैं कि जब वह इस भाषा का पाठ या अनुवाद करते हैं, तो दूरस्थ इलाक़ों की यात्रा पर निकल जाते हैं। यक़ीनन, यह कल्पना में की जा रही यात्रा है, जिसमें शब्दकोश अर्थों का उत्पादन करने के बजाय सन्देहों का उत्पादन करने लगते हैं।

यदि इन पंक्तियों के पाठक ने कभी खुद अनुवाद किया हो, तो वह आसानी से समझ जायेगा कि इस प्रक्रिया के दौरान चलने वाली काल्पनिक यात्रा में शब्दकोशों की भूमिका निस्सन्देह सन्देहोत्पादक यन्त्र जैसी हो जाती है। जब शब्दकोश आपको सन्तुष्ट नहीं कर पाते, तब आप भरसक एक ऐसी भाषा की तरफ़ जाते हैं, जो नितान्त तीसरी होती है। तब अनुवाद के साथ-साथ पुनर्रचना की वह प्रक्रिया शुरू होती है, जिसे कुँवर जी ने अपने प्राक्कथन में 'अनुरचना' नाम दिया है।

अनुवाद करना आसान होता है, अनुवाद की प्रक्रिया का वर्णन करना कहीं ज़्यादा मुश्किल। बोर्हेस, और कुँवर जी पर भी, कविता की दसों प्रेरक-देवियाँ, 'द मेज़र म्यूज़ेज़,' मेहरबान रही होंगी कि उन्होंने कविता और अनुवाद करने के साथ साथ अनुवाद-प्रक्रियाओं का न केवल वर्णन किया है, बल्कि अपने पूरे साहित्य पर उन अनुवादों व उस प्रक्रिया के प्रभाव को समझ सकने लायक सुराग भी छोड़ते चले हैं। कविता व अनुवाद बहुत लोग करते हैं, पर उसके रहस्यों का इस तरह प्रगटीकरण सबको नसीब नहीं हो पाता।

जिस तरह बोर्हेस के साहित्य में अनुवाद की प्रासंगिकता साफ़ दिखती है, उसी तरह कुँवर जी भी अपनी कविताओं व निबन्धों में, इस तरह की काल्पनिक मुठभेड़ों से मिली, जीवनदृष्टि के दर्शन कराते चलते हैं। अनुवाद के लिए जिस कवि को छुआ, उसे अपनी भाषा में अपने अनुवाद से थोड़ा अपने जैसा बना दिया, थोड़ा उसके जैसे हो गये। जैसे संस्कृतियाँ जब आपस में मिलती हैं, तो थोड़ा-थोड़ा एक-दूसरे जैसी हो जाती हैं। यही समावेशी दृष्टिकोण व पद्धति है, जो कुँवर नारायण के अन्य साहित्य में भी दिखाई देती है। इसका उत्स कहीं न कहीं विभिन्न भाषाओं में लिखी गयी कविताओं के पाठ व उनके अनुवाद में होगा।

इन अनुवादों को पढ़कर न केवल कविता के प्रति, बल्कि अनुवाद, यथार्थ के साथ कविता के व्यवहार, भाषा, बिम्ब-रचना आदि के प्रति उनके विचारों की झलक मिल जाती है। इसी किताब में सैफ़ो पर लिखी अपनी टिप्पणी में वह इस सन्दर्भ में अधिक मुखर व 'बहस-वान' हैं।

जोसेफ़ ब्रॉडस्की ने अपने एक निबन्ध में एक बात कही है, और वह बात मुझे बार-बार स्मरण होती है—कि जब भी कोई कवि अपने पसन्दीदा कवियों के बारे में लिखता है या उनकी व्याख्या करता है, तो उन कवियों में वह उन गुणों को खोजता है, जो दरअसल वह अपनी खुद की कविताओं में पाना चाहता है या खोजवाना चाहता है। कुँवर नारायण जब सैफ़ो पर लिखते हैं, तो उसमें विशेष तौर पर

भाषा के बारे में एक जोड़ लगाते हैं। वह ज़ोर देकर कहते हैं कि कविता में व्याकरण की अवहेलना व नये शब्द-सम्बन्ध स्थापित कर एक तरह से भाषा को नयी सामर्थ्य देने की कोशिश की जाती है।

यह बात वह सिर्फ़ सैफ़ो के बारे में नहीं कह रहे, सिर्फ़ ग्रीक कविता की मीलों लम्बी परम्परा के बारे में या साधारणतया, भी नहीं कह रहे, दरअसल वहाँ वह अपनी कविता के बारे में एक कुंजी भी दे रहे हैं। कुँवर नारायण की कविताओं में व्याकरण के नियमों की पर्याप्त अवहेलना की गयी है, उनके वाक्यों के विन्यास कई बार भाषा की कसौटी पर सही नहीं पाये जाते, वह क्रियापदों-सहायक क्रियाओं का न्यूनतम प्रयोग करते हैं, कई बार वह संज्ञा और सर्वनाम का विलोप कर देते हैं। ज़ाहिर है, इससे वह अपनी भाषा को अधिक समर्थ बना देते हैं। यदि वाक्य होगा, 'मैं जा रहा हूँ,' तो उनकी कविता में इस वाक्य से 'मैं' और 'हूँ' ग़ायब हो जायेंगे। बचेगा—'जा रहा।' यदि पाठक कविता में पूरी तरह घुसा हुआ नहीं है, तो 'मैं' और 'हूँ' की अनुपस्थिति में उसे लग सकता है कि कोई और जा रहा, आदमी जा रहा, घोड़ा जा रहा या समय ही जा रहा। हिन्दी में यह सुविधा है कि यदि वाक्य के अन्त में 'हूँ' लग जाये, तो 'मैं' को अनुपस्थित भी रखा जा सकता है, लेकिन इस भाषाई सुविधा का प्रयोग बेहद कम कवियों ने किया, उनमें भी शायद कुँवर नारायण ने सबसे ज़्यादा किया। उनकी प्रसिद्ध कविता 'पहले भी आया हूँ' को पढ़ लीजिए। 'मैं' की गतिविधियों का चित्रण करती तेरह पंक्तियों की इस कविता में एक बार भी 'मैं' नहीं है। इस कविता में 'मैं' या 'मुझे' के नौ अवसर थे। उन्होंने सारे अवसरों को नकार दिया। ऐसा ही 'अबकी अगर लौटा तो' में भी दिखेगा। संक्षेपण के ये उदाहरण हैं। उनकी कविताओं में ऐसे कई और उदाहरण दिये जा सकते हैं।

इस किताब की कविताओं में भी यह बात दिखती है। कई जगह जहाँ मूल में 'मैं' का इफ़रात ज़िक्र था, हिन्दी अनुवाद से 'मैं' ग़ायब हो जाता है। मूल की लम्बी पंक्तियाँ हिन्दी में संक्षिप्त हो जाती हैं। गुंटर ग्रास या टेड ह्यूज़ के दस-बारह शब्द हिन्दी के तीन-चार शब्दों में सम्प्रेषित हो जाते हैं। अतिरिक्त ज़रा भी नहीं। इसीलिए मैंने ऊपर कहा कि वह जिन कवियों को अनुवाद के लिए छूते हैं, उन्हें थोड़ा-सा अपने जैसा भी बना देते हैं।

सैफ़ो वाली टिप्पणी में ही वह आगे कहते हैं, 'संस्कृत साहित्य के सीधे प्रभाव में रहती, तो हिन्दी भाषा का गठन दूसरा होता।' यह बेहद महत्त्वपूर्ण टिप्पणी है। पुनरावृत्ति की आशंका से मैं उस पूरे पैराग्राफ़ को उद्धृत नहीं कर रहा, किन्तु वहाँ आशय यह है कि यूरोपीय काव्य ने रोमांटिसिज़्म के ख़िलाफ़ ग्रीक क्लासिकल साहित्य को रेफर किया, लेकिन अंग्रेज़ी भाषा ऐसा नहीं कर पायी। वह ईसाई रहस्यवाद के प्रभाव में चली गयी। हिन्दी ने अंग्रेज़ी से प्रभाव ग्रहण किया और एक हद तक, उसी तरह अपनी कविता में अवस्तुवादी व वायवीय हुई। इसी सन्दर्भ में वह ज़ोर देते हैं कि प्राचीन संस्कृत कवियों ने जीवन के भौतिक पक्ष में पर्याप्त दिलचस्पी रखी थी।

'आत्मजयी' और 'वाजश्रवा के बहाने,' कुँवर नारायण की कविताई में दो ऐसे अवसर हैं, जहाँ वह जीवन के भौतिक व अधि-भौतिक दोनों पक्षों की विवेचना करते हैं। इन जगहों पर अवस्तुवादी, वायवीय, रहस्यवादी या आध्यात्मिक नहीं होते। मैं कौन हूँ, तुम कौन हो, हम सब कौन हैं, जैसे आत्म-पड़ताली प्रश्न जब भी कविता में आते हैं, हिन्दी आलोचना का जल्दबाज तबक़ा उसे आध्यात्मिक क़रार देने की होड़ करता है। सैफ़ो के बहाने यह बात करके कुँवर नारायण सम्भवतः इन सवालों के भौतिक व अधि-भौतिक पक्षों की तरफ़ इशारा कर देते हैं। अधि-भौतिक और अध्यात्म का फ़र्क़ समझे बिना इन सवालों से घिरी रचना का विश्लेषण नहीं हो सकता। कुँवर जी की कविताओं में ऐसे कई जंक्शन हैं, जहाँ पूरब और पश्चिम की पटरियाँ कटती हैं। ये रचनाएँ उन्हीं जंक्शनों की तरह

हैं। ये उदाहरण हैं कि कोई कवि किस तरह अपनी भाषा की समकालीनता के दायरे में रहते हुए सदियों पुरानी संस्कृत परम्परा से जुड़ता है, जो कि नितान्त उसकी अपनी है; तो उसी समय ग्रीक जैसी दूरस्थ संस्कृति की काव्य-परम्परा से जुड़ता है, जो कि नितान्त परायी है किन्तु जिसके वरण से उसे अपना माना जा सकता है। आख़िरकार, हर क़िस्म का अपनत्व एक 'मानना' ही तो है।

अपनी साहित्यिक दृष्टि, कविताओं के भीतर कलात्मक-मानवीय जिरहों का परिचय वह इसी तरह कवाफ़ी और बोर्हेस पर लिखी टिप्पणियों से भी देते हैं। कवाफ़ी की पृष्ठभूमि को वह 'इतिहास का बड़ा सांस्कृतिक मेला' कहते हैं। कुँवर नारायण की पृष्ठभूमि इस मेले से भिन्न तो नहीं है। कवाफ़ी की तुलना में वह जिस भारतीय पीढ़ी का हवाला देते हैं, खुद कुँवर जी भी उसी पीढ़ी में शामिल होंगे।

* * *

अपने प्राक्कथन, और किताब में मौजूद इण्टरव्यू, में उन्होंने कहा है कि कविताओं का शब्दशः अनुवाद करना उनका अभीष्ट नहीं रहा। इस लिहाज़ से यह कह सकते हैं कि उनका ज़ोर प्रमुखतया, सोर्स-ओरिएंटेड की जगह टार्गेट-ओरिएंटेड अनुवाद पर रहता है। कविता मूल में कैसी थी या अनुवाद में कैसी दिख रही है, इससे ज़्यादा ध्यान वह इस बात पर देते हैं कि वह अन्ततः कितनी कविता है। कई कविताओं में वह मूल की शैली से चिपके हैं, तो कई जगह उन्होंने स्वछन्दता बरती है। जो कविताएँ अनुभूति की तरलता को सम्बोधित करती थीं, उनके अनुवाद में उन्होंने उदारतापूर्वक, शब्दों के बजाय, अनुभूति के अनुवाद में रुचि दिखाई। जो कविताएँ तर्क को सम्बोधित होतीं, वहाँ उन्होंने मूल पर अधिक विश्वास किया। कई ऐसी कविताएँ हैं, जहाँ इन दोनों ही उपायों का प्रयोग किया। इसीलिए उन्होंने अपनी ऐसी कोशिशों को 'अनुरचना' कहा है।

अपने अनुवादों में एज़रा पाउण्ड इस तरह के प्रयोग बहुत किया करते थे। उन्होंने चीनी-जापानी कविताओं का अनुवाद किया। उन अनुवादों ने खुद उनकी कविता की सरंचनाओं को भी बदला। अत्यन्त मितव्ययिता व स्वछन्द कल्पनाएँ, पूरब की कविताओं के ऐतिहासिक गुण रहे हैं। इसीलिए हाइकू जैसी शैली पूरब से आती है। पूरब की इन्हीं कविताओं से असर लेकर पाउण्ड ने अंग्रेज़ी की कविता को किफ़ायत की नयी तासीर दी। अनुवाद करते समय वे कविताएँ पाउण्ड की कल्पनाओं को सुलगा देती थीं। नतीजतन, मूल के आधार पर, मूल से अलग वह बिल्कुल एक नयी कविता रच देते थे। ऐसी कई कविताओं को पाउण्ड ने अपने नाम से प्रकाशित किया। ऐसे में वह साथ में मूल कवि का नाम भी देते थे।

दुनिया में अनुवाद की कई पद्धतियाँ प्रचलित व मान्य हैं, जिनमें पुनर्रचना या अनुरचना की यह पद्धति भी शामिल है। कुँवर जी ने इसका सबसे सुन्दर प्रयोग पाब्लो नेरुदा की कविता 'सैडेस्ट पोएम' के साथ किया है। हिन्दी में इस कविता के कई-कई अनुवाद हुए हैं, किन्तु मेरी नज़र में यह अनुवाद इसलिए बेजोड़ है कि अनुवाद के बाद यह कविता सिर्फ़ शब्दों की ही नहीं, अनुभूति की लयात्मकता का भी सफल आह्वान करती है। इसमें उर्दू नज़्मों की वह दृढ़ कोमलता है, जिसे फ़ैज़ व अख़्तरुल ईमान जैसे शायर प्रचलन में लाये थे। नेरुदा और फ़ैज़ की साम्यता सिर्फ़ विचार के स्तर पर ही नहीं थी, बल्कि दोनों अपनी कविताओं के लिए लगभग एक जैसा क्राफ्ट चुनते रहे। यह विरल काव्यात्मक संयोग है। एक दिलचस्प अध्ययन हो सकता है कि समय के साथ-साथ जिस तरह नेरुदा अपनी कविताओं की बुनावट बदल रहे थे, उसी तरह, ठीक उसी समय, बर्रे-सगीर में बैठकर, फ़ैज़ भी अपने क्राफ्ट में वैसे ही बदलाव ला रहे थे।

ठीक इसी तरह की बात बोर्हेस की कविताओं को लेकर भी कही जा सकती है। अनुवाद में बोर्हेस की कविताओं को सँभालना बेहद मुश्किल काम है। उनकी कविताएँ इतने भाषाई व सांस्कृतिक सन्दर्भ-सम्बन्ध से भरी होती हैं कि अपनी भाषा में उन सम्बन्धों को अभिव्यक्त कर पाना, कई बार अपठ हो जाने की सीमा तक, कठिन हो जाता है। मैं बोर्हेस की 'निशा-चक्र' का विशेष उल्लेख करना चाहूँगा। कुँवर जी ने कविता के साथ लगी टिप्पणी में ज़िक्र किया है कि इस अनुवाद की तुक-योजना मूल कविता की तुक-योजना जैसी ही है। मैंने इसे मूल स्पैनिश में भी पढ़ा है। वहाँ 'ला नोचे सिक्लिका' शीर्षक के तहत इस कविता में चार-चार पंक्तियों के नौ बन्द (स्टैंज़ा) हैं। पहली पंक्ति का तुक चौथी पंक्ति से और दूसरी पंक्ति का तुक तीसरी पंक्ति से जुड़ता है। हिन्दी अनुवाद में इस योजना को पूरी तरह निभाया गया है, लय और अर्थों की छटा को बरकरार रखते हुए। उल्लेखनीय है कि अलेस्टेयर रीड द्वारा किये गये अंग्रेज़ी अनुवाद 'द साइक्लिकल नाइट' में यह तुक-योजना, कम से कम तीन बन्दों में, टूटी हुई है। क्रिस्टोफ़र मलरूनी द्वारा किये गये एक अन्य अंग्रेज़ी अनुवाद में भी यह तुक-योजना खण्डित है।

कविता के साथ अनुवादक का सुर लग जाये, तो क्या ही बात बनती है। हेर्बेर्त और रूज़ेविच की कविताओं के साथ यही बात है। दोनों ही कवि, कुँवर नारायण को, शायद अपने ही दो अलग हिस्से लगते होंगे। अनुवाद के जरिए इन दोनों कवियों में उन्होंने बेहद तल्लीन यात्राएँ की हैं। रूज़ेविच तो अनुवाद के लिहाज़ से थोड़े आसान पड़ते हैं, क्योंकि वह सरल शब्दों व साधारण विन्यास का प्रयोग करते हैं। यही कारण है कि पोलैण्ड की महान कवि-चौकड़ी (मीवोश, शिम्बोर्स्का, हेर्बेर्त, रूज़ेविच) में रूज़ेविच ही हैं, जिनका दुनिया की सबसे ज़्यादा भाषाओं में अनुवाद हुआ। हेर्बेर्त यक़ीनन बेहद कठिन कवि हैं। न केवल मूल भाषा में, बल्कि किसी भी अनूदित भाषा में। उनकी कठिनाइयों के बारे में कुँवर जी ने अपने इण्टरव्यू में कहीं ज़्यादा सुन्दर तरह से समझाया है।

* * *

कुँवर नारायण उन लोगों में से हैं, जिन्होंने हिन्दी साहित्य का स्वर्णकाल देखा है, चाहे वह कैसा भी रहा हो। उस समय हिन्दी के लेखक सचमुच थोड़ा-बहुत पढ़ लिया करते थे, दुनिया के साहित्य में घटित होने वाली नयी चीज़ों के प्रति प्रतीक्षोन्मुखी दिलचस्पी का रुख़ रखते थे, विभिन्न स्तरों पर काल्पनिक-सांस्कृतिक-मानसिक मुठभेड़ें करते थे, ख़ूब अनुवाद करते थे, इस तरह ख़ुद को व अपनी भाषा को समृद्ध करते थे, एक-दूसरे के अनुवादों को मूल से मिलाकर, कभी सम्मुख कभी पीठ पीछे, परस्पर निन्दाएँ किया करते थे। लेख लिख-लिखकर इस बात पर बहस करते थे कि बोर्हेस सही है या बोर्खेज? ब्रेख्त कहा जाये या ब्रेष्ट? प्राग कहें या प्राहा? अरे भाई, वाल्टर बेंजामिन में जा को न्या पढ़ा जाता है। तदेउश या ताद्यूश में शक्कर वाला श क्यों लगाया, षट्कोण वाला ष क्यों नहीं? ऊपरी तौर पर निरी हास्यास्पद लगने वाली इन बहसों को मैं बेहद सम्मान से देखता हूँ, क्योंकि ये बहसें बताती हैं कि वे सारे लोग कितने इन्वॉल्व थे, अपने समय के काव्य-कर्म, अनुवाद-कर्म और उनमें प्रयुक्त होने वाली भाषा व विचार-सरणियों के भीतर। यह उस सांस्कृतिक कर्म में शामिल रहने का अध्यवसाय था। (हालाँकि कोई पश्चिम वालों से यह नहीं पूछता था कि तुम हमारे शंकर को समकारा क्यों लिखते हो और संकारा क्यों पढ़ते हो? दंडी को दंडिन और ब्रह्म को ब्रह्मन क्यों लिखते हो? सम्भवतः इस बहसबाज़, पढ़े-लिखे, प्रतिभावान गुच्छे की पहुँच या पैठ वृहत्पश्चिमी सांस्कृतिक जगत तक न रही होगी, वरना ये सवाल आये तो कई लोगों के जेहन में होंगे।)

कहने का अर्थ यह है कि ऐसे सक्रिय माहौल में, कुछ हद तक इन सारी बहसों की चिन्ता किये बग़ैर, कुँवर नारायण जब ये अनुवाद कर रहे थे, तो यक़ीनन उन पर इस माहौल का असर भी पड़ा ही होगा। इन अनुवादों की भाषा से यह बात दिखती भी है। जैसे-जैसे समय बीतता गया होगा, जैसे-जैसे उन्होंने आधुनिक कवियों को अनुवाद के लिए चुना होगा, वैसे-वैसे उनकी भाषा भी बदलती गयी है। क्लासिकी कवियों के अनुवाद के लिए कुँवर जी ने जो भाषा बरती है, उस भाषा में अब मुख्यधारा के पाठक कम ही कविता पढ़ते हैं। निश्चित ही, ऐसा महज मूल का फ्लेवर बनाये रखने के लिए किया गया होगा।

इस किताब में कई ऐसी कविताएँ व कवि हैं, जिनका हिन्दी में ही कई अन्य ने चर्चित अनुवाद किया है। जैसे वास्को पोपा की कविताएँ सोमदत्त के अनुवाद में जानी जाती हैं। उन्होंने अपनी किताब में 'नन्ही डिबिया' सीरीज़ की सिर्फ़ पहली कविता रखी थी, यहाँ इस किताब में उस सीरीज़ की ज़्यादातर कविताएँ हैं। अत्तिला योज़ेफ़ (और सम्भवतः कुछ गुंटर ग्रास भी) की कविताएँ विष्णु खरे के अनुवादों में ख़ूब पढ़ी गयी हैं। इनके अलावा रघुवीर सहाय, अशोक वाजपेयी, गिरधर राठी, मंगलेश डबराल ने भी उस दौर में अपने अनुवादों से हिन्दी को समृद्ध किया था। इन सभी के अनुवादों में अनुवादक के रचनात्मक व्यक्तित्व का प्रभाव हमेशा दिखता रहा। कविताओं के साथ सभी का व्यवहार अपनी-अपनी तरह से विशिष्ट रहा। इन सभी ने मिलकर जो परिदृश्य रचा था, उसे यक़ीनन 'वी पोएटीका' (Vis Poetica) या 'एक तरह का काव्य-बल' कहा जा सकता है।

उस परिदृश्य का स्मरण करना किंचित इसलिए भी ज़रूरी है कि परिदृश्य भी ऊर्जा का स्रोत होता है। लेखन एकान्त की कार्यवाही है, लेकिन अकेले होकर नहीं किया जा सकता। स्मरण इसलिए भी कि जिस फोर्स के साथ उस समय अनुवाद-कर्म होता था, वैसा फोर्स अब के लोगों में कम ही दिखता है।

* * *

अनुवाद करना उस काल्पनिक दुनिया का पुनर्सृजन है, जो कि वास्तव में अस्तित्वमान है। एक ही दुनिया, जो कि एक स्तर पर काल्पनिक है, दूसरे स्तर पर अस्तित्वमान है, यह कैसे सम्भव है? यह अनुवाद-प्रक्रिया में ही सम्भव है। मूल रचनाकार के लिए उसकी रचना की दुनिया अस्तित्वमान है, क्योंकि वह रचना कर चुका। वह एक साथ उन कई लोगों के लिए भी अस्तित्वमान है, जो उसे पढ़ चुके हैं, किन्तु अनुवादक के लिए वह नितान्त काल्पनिक दुनिया है। एक ऐसी भाषा की रचना, जिसमें उसका ज़्यादा व्यापार नहीं, एक ऐसे देश से आयी रचना, जहाँ वह गया है या नहीं, एक ऐसी संस्कृति का प्रतिनिधित्व करती रचना, जिसका उसे पर्याप्त अनुभव है या नहीं। ऐसी दुनिया काल्पनिक ही हो जाती है, और अनुवाद-प्रक्रिया काल्पनिक मुठभेड़। इसीलिए मैं ऊपर बार-बार इस शब्दबन्ध का प्रयोग कर रहा हूँ।

जब कोई कवि अपने प्रिय कवियों का अनुवाद करता है, तो यह काल्पनिक मुठभेड़ दो अतिरिक्त स्तरों पर भी चलती है। एक—वह सामने वाले कवि से जिरह करने लगता है कि तुमने ऐसा क्यों किया, मैं होता, तो इसे इस तरह करता। दो—वह अपने भीतर झाँकने लगता है कि किन्हीं ख़ास परिस्थितियों में, किसी प्रश्न के प्रति मेरा व्यवहार ऐसा-ऐसा होता है, क्या मैं सही हूँ? ये दोनों ही स्तर दुतरफ़ा सवालों की तरह पेश आते हैं।

—मैं इन सारी अनुभूतियों को, हालात को, विवशताओं को इस तरह देखता हूँ...क्या तुम भी मेरी तरह देखती हो, सैफ़ो?

—अलग-अलग संस्कृतियों से आक्रान्त हुई मेरी ज़मीन, फिर थोड़ा-थोड़ा सबके जैसी हो

गयी...अलग-अलग भाषाओं के शब्दों से बनी मेरी भाषा अब उन सभी भाषाओं से अलग रूप ले चुकी...इतिहास के दोराहे पर अकबकाया खड़ा मैं, इन दो रास्तों के अलावा कई छोटी-छोटी पगडण्डियाँ भी देखता हूँ...इतिहास के सवालों को तुम हँसते हुए हल करते हो, मैं पेशानी पर बल देकर उन्हें पढ़ता हूँ...क्या तुम भी कभी-कभी उसी तरह नहीं पढ़ते, कवाफ़ी?

—ख़ुद के भीतर तुम दूसरों की तरह रहते हो, दूसरों के भीतर ख़ुद की तरह...मैं थोड़ा अपने भीतर रहता हूँ, थोड़ा अपने बाहर...जैसे मैं सबमें प्रवाहित लेकिन अन्तर्धान, वैसे ही तुम भी रहते हो न...जैसे एक अन्य देशकाल की अनियत दिनचर्या में कुछ दिन अतिथि रहता मैं, वैसे ही तुम भी रहते हो न बोर्हेस?

तय है कि ये सारे सवाल इस कवि-अनुवादक के मन में चलते रहे होंगे। एक दिन नहीं, बरसों-बरस। यही काल्पनिक मुठभेड़ का सबसे महत्त्वपूर्ण सोपान है। हमसे पहले जो हम जैसा हो चुका, हम उसके ज़्यादा क़रीब हो जाते हैं। उससे सवाल पर सवाल करते हैं। उसे रोज़ नये जवाब देते हैं। काव्यदृष्टि इस तरह भी बनती है। प्रेरणा की एक देवी हमारे कानों में सवाल फुसफुसाती है, दूसरी देवी हमारी आँखों के जाले बुहारती है, तीसरी देवी हमारी ज़बान को लोच देती है, चौथी देवी अँगुलियों में जुंबिश पैदा करती है। कुछ रिश्ते कभी नहीं बदलते। जैसे कविता का अतीत व पूर्ववर्ती से रिश्ता। जब हम अतीत खो देंगे, कविताएँ भी खो देंगे। वाचिक परम्परा से लेकर अब तक ऐसा ही होता आया। हम एक सुनी हुई दुनिया के वंशज हैं। हम एक पढ़ी गयी दुनिया के पूर्वज होंगे।

* * *

सत्रहवीं सदी के किसी आलोचक ने कहा था, 'शेक्सपीयर के भीतर ओविड की आत्मा का एक टुकड़ा रहता है।' जैसे काफ़्का की आत्मा के बीसियों टुकड़े हुए होंगे और उनके बाद के कई लेखकों की आत्माओं में जाकर घुल गये होंगे। जैसे फ़ैज़ की आत्मा के मानचित्र को देखा जाये, तो वहाँ 'ग़ालिब चौराहा' राजधानी की तरह चमकता मिलेगा। उसी तरह सैफ़ो, कवाफ़ी, बोर्हेस की आत्माओं के सूक्ष्म टुकड़े कुँवर नारायण के भीतर घुले हुए मिलते हैं। इस किताब में उन्हीं टुकड़ों का, उन जैसे कई टुकड़ों का, आकार-अनाकार है।

* * *

अन्त में, राजशेखर की 'काव्यमीमांसा' से एक श्लोक उद्धृत करना चाहूँगा :

इतिहासपुराणाभ्यां चक्षुर्भ्यामिव सत्कविः।
विवेकांजन शुद्धाभ्यां सूक्ष्ममप्यर्थमीक्षते॥

(जो कवि इतिहास और पुराणों का अच्छी तरह अध्ययन कर, उनके तथ्यों को अपने विवेक से, अपने काव्य में निबद्ध करता है, वही अपने काव्य को उत्तम बना सकता है।)

राजशेखर के ज़माने में बहुत सारी चीज़ें नहीं थीं, इसलिए इस ज़माने में इस श्लोक में भी कुछ जोड़ अवश्य करना चाहिए। इतिहास और पुराण (पुराण भी एक तरह का इतिहास ही है, जिसे मैं मिथिहास कहता आया) के साथ कवि के लिए ज़रूरी जिन कुछ विषयों को मैं इसमें जोड़ना चाहूँगा, उनमें 'अनुवाद-कर्म' ज़रूर होगा। अनुवाद करना, इतिहास से थोड़ा और अन्तरंग होना है।

कविताओं के शीर्षक
(हिन्दी, अंग्रेज़ी और मूल भाषाओं में)

Walt Whitman

एक असफल योरपीय क्रान्तिकारी के प्रति/To A Foil'd European Revolutionaire/To A Foil'd European Revolutionaire (English)

August Strindberg

अपराजिता (एक लघु नाटक)/The Stronger/Den starkare (Swedish)

Constantine P. Cavafy

1. अलेक्ज़ेन्ड्रिया के बादशाह/Alexandrian Kings/Αλεξανδρινοί Βασιλείς (Greek)
2. विजेताओं की प्रतीक्षा/Waiting for the barbarians/Περιμένοντας τους Βαρβάρους
3. अलेक्ज़ेन्ड्रिया में : 31 ई.पू./In Alexandria, 31 B.C./To 31 π.X. στην Αλεξάνδρεια
4. कुछ करना था/To Have Taken the Trouble/Ας φρόντιζαν
5. जहाँ तक हो सके/As Much As You Can /'Οσο Μπορείς
6. आवाज़ें/Voices/Φωνές
7. ऊब/Monotony/Μονοτονία
8. पूर्व बोध/Understanding/Νόησις
9. 1901 के दिन/Days of 1901/Μέρες του 1901
10. एक रात/One Night/Μια Νύχτα
11. उतनी ही जगह में/In the Same Space/Στον ίδιο χώρο
12. यहूदियों पर : 50 ई./Of the Jews (50 A.D.)/Των Εβραίων (50 μ.X.)
13. इथाका/Ithaka/Ιθάκη
14. ***कुछ हैं जिनका दिन शुरू होता/Che fece...il gran rifiuto/Σεμερικούς ανθρώπους έρχεται
15. थरमोपाइली/Thermopylae/Θερμοπύλες

T. E. Hulme

1. शरद/Autumn/Autumn (English)
2. बन्दरगाह के ऊपर/Above the Dock/Above the Dock
3. तटबन्ध/The Embankment/The Embankment

Ezra Pound

दो समाधि-लेख/Epitaphs/Epitaphs (English)

D. H. Lawrence

मनुष्य और चमगादड़/Man and Bat/Man and Bat (English)

Louis Aragon

रिचर्ड द्वितीय–चालीस के/Richard II Quarante/Richard II Quarante (French)

Bertolt Brecht

1. यात्री/The Passenger/Der Insasse (German)
2. सीखना/The Learner/Der Lernende
3. महास्तुति/Great Hymn of Thanksgiving/Grosser Dankchoral

Jorge Luis Borges

1. निशा-चक्र/The Cyclical Night/La Noche Ciclica (Spanish)
2. छाया की बड़ाई में/In Praise of Darkness/Elogio de la sombra
3. खोये हुए की प्राप्ति/Possession of Yesterday/Posesion Del Ayer
4. एक अन्धा आदमी/A Blind Man/Un Ciego
5. एक शनिवार/A Saturday/Un Sabado
6. मेरी किताबें/My Books/Mis Libros
7. आत्महत्या/The Suicide/El Suicida
8. फ़ेहरिस्त/Inventory/Inventario
9. ब्रूननबढ़, 937 ईस्वी/Brunanburh, A.D. 937/Brunanburh, A.D. 937
10. बिल्ला/To a Cat/A un gato
11. छुरा/The Dagger/El Punal
12. कोई/Someone/Alguien
13. दूसरा वाला बाघ/The Other Tiger/El otro Tigre
14. हेंगिस्त साइनिंग/Hengest Cyning/Hengest Cyning
15. आँगन/Patio/Patio
16. कैमडेन,1892/Camden, 1892/Camden, 1892

Pablo Neruda

आज की रात लिखूँ/Tonight I can write/Puedo escribir los versos (Spanish)

Attila Jozsef

सुन्दरता पर ध्यान था/There was a beauty/Gynyrt l ttam (Hungarian)

Günter Eich

जहाँ मैं रहता हूँ/Where I Live/Wo ich lebe (German)

Yannis Ritsos

तलाशी/Search/έρευνα (Greek)

Anna Świrszczyńska

1. सुबह जब हम सो कर उठते/When We Wake Up in the Morning/Gdy budzimy się rano (Polish)
2. सबसे बड़ा प्रेम-प्रसंग/The Greatest Love/Wielka miłość
3. प्रथम प्रणय-गान/The First Madrigal/Pierwszy madrygał

Gavin Ewart

आत्मज्ञान/Enlightenment/Enlightenment (English)

Tadeusz Różewicz

1. ज़िन्दा बच गया/The Survivor/Ocalony (Polish)
2. सौभाग्य/What Luck/Jak Dobrze
3. स्मारक/Monuments/Pomniki
4. बोझ हल्का करते वे/They Shed The Load/Zdjęcie Cięśaru
5. तमाम कामकाज के बीच/Busy with Many Jobs/Wśród Wielu Zajęć
6. प्रूफ़/Proofs/Korekta
7. ***कविता हमेशा ही/***At times poetry.../***poezja nie zawsze...
8. ***शुरू में/*** When the poem ends/***na początku
9. अब/Now/Teraz
10. होम वर्क/Homework/Zadanie Domowe
11. घास/Grass/Trawa
12. वापसी/The Return/Powrot

Vasko Popa

1. नन्ही डिबिया/Little Box /МАЛА КУТИЈА (Serbian)
2. नन्ही डिबिया के कारीगर/The Craftsmen of the Little Box/МАЈСТОРИ МАЛЕ КУТИЈЕ
3. नन्ही डिबिया के किरायेदार/The Tenants of the Little Box/ЗАКУПЦИ МАЛЕ КУТИЈЕ

4. नन्ही डिबिया के दुश्मन/The Enemies of the Little Box/НЕПРИЈАТЕЉИ МАЛЕ КУТИЈЕ
5. नन्ही डिबिया के शिकार/The Victims of the Little Box/ЖРТВЕ МАЛЕ КУТИЈЕ
6. नन्ही डिबिया के जज/ The Judges of the Little Box /ОЦЕЊИВАЧИ МАЛЕ КУТИЈЕ
7. नन्ही डिबिया के क़ैदी/The Prisoners of the Little Box/ЗАТОЧЕНИЦИ МАЛЕ КУТИЈЕ

Zbigniew Herbert

1. घटना/Episode/Epizod (Polish)
2. गुलाबी कान/Rosy Ear/Różowe ucho
3. उप-सलाहकार की वापसी/The Return of the Proconsul/Powrót prokonsula
4. फॉर्टिनब्रास का शोकगीत/Elegy of Fortinbras/Tren Fortynbrasa
5. घाटी के मुहाने पर/At the gate of the valley/U wrót doliny
6. दो बूँदें/Two drops/Dwie Krople
7. हाथी/Elephants/Slonie
8. एक आत्मा का रेशम/Silk of a Soul/Jedwab duszy
9. क्या होगा/What will happen (Why the classics का एक हिस्सा)/Co będzie
10. स्वर्ग से रपट/Report from Paradise/Sprawozdanie z raju
11. तारों का चहेता/The star's chosen ones/Wybrańcy gwiazd
12. वायलिन/Violin/Skrzypce
13. सिलाई करनेवाली/Seamstress/Krawcowa
14. चाँद/Moon/Księżyc
15. बिल्ला/Cat/Kot
16. दीवार/Wall/Ściana

Philippe Jaccottet

1. ख़ुशी के शब्द/The Word Joy/Le mot joie (French)
2. ***सभी खुशियाँ बहुत दूर पर होती हैं/***All joy is too far/***Toute joie est trop loin
3. ***'हाँ, हाँ, यह सच है, मैंने देखा है मृत्यु को काम करते/*** 'It's true, of course, that I've seen death at work/*** Oui, oui, c'est vrai, j'ai vu lamort au travail
4. ***हर फूल एक छोटी-सी रात है/***Each flower is a little night/*** Toute fleur n'est que de la nuit
5. ***मैं टहल रहा हूँ/***I walk in a garden/***Je marche dans un jardin

Günter Grass

1. खुली अलमारी/Open Wardrobe/Geöffneter Schrank (German)

2. असफल धावा/Unsuccessful Raid/Misslungener Überfall
3. पारिवारिक प्रसंग/Family Matters/Fämiliar

Günter Kunert

1. अचानक खुल पड़ी खिड़की/The Window Has Blown Open/Es hat sich ein Fenster (German)
2. उल्टी चलाई गयी एक फ़िल्म/Film Put in Backwards/Film verkehrt eingespannt
3. चिन्ताएँ/Worries/Sorgen
4. एक पुरानी सड़क का पुराना फ़ोटोग्राफ/Old photograph of an old street/Altes Foto alter strasse
5. जैसा कि होना चाहिए उसे/That's how it should be/So sol les sein
6. स्मृति–4/Remembering IV/Erinnern IV

Derek Walcott

कल, कल/Tomorrow, Tomorrow/Tomorrow, Tomorrow (English)

James David Rubadiri

लिवरपूल में एक काला मजदूर/A Negro Labourer in Liverpool /A Negro Labourer in Liverpool (English)

Ted Hughes

1. फुटबॉल का खेल/Football at Slack/Football at Slack (English)
2. हेप्टनस्टाल का पुराना गिरजा/Heptonstall Old Church/Heptonstall Old Church

नोट :

***से व्यक्त है कि कविता का शीर्षक नहीं है, कविता की पहली पंक्ति है।

होमर, क्रिस्टोफ़र मार्लो, सैफ़ो, दान्ते, शेक्सपीयर और रिल्के के केवल कुछ कवितांशों का अनुवाद किया गया है जिनके शीर्षक नहीं दिये गये हैं।

❑❑